高尾栄司

ドキュメント 皇室典範

宮沢俊義と高尾亮一

GS

ドキュメント　皇室典範／目次

プロローグ　「生前退位」を演出したNHK　11

第一部　わずか二日間で書かれた天皇条項　23

毎日にスクープされた憲法草案宮沢案が発火源　24
憲法の虜になったサイラス・ピーク　27
宿泊先の食堂で夕食をとっていると　29
ピークからホイットニーへ　30
マッカーサーの顧問弁護士・ホイットニー民政局長　32
極東諮問委員会か極東委員会か？　35
国務省の電信をマッカーサーが傍受　36
マッカーサー・ノートと三つの要点　38
自由裁量権を与えられたホイットニー　42
二月四日、民政局員に突然の集合命令　45
起草作業締め切りは八日後　47
天皇条項のガイドラインSWNCC228文書　49
POLAD代表は天皇処刑派　51

プールが書いた天皇条項第一章　54
SWNCC228文書の生い立ち　56
「象徴」はマッカーサーが命名した　58
革命的な一言を加筆　60
天皇制廃止を推奨する文書　62
任務列挙の理由　64
経済的自由のない皇族　67
国民主権は削除　69
権能を持たない天皇　72
内閣の「補佐」から「承認」へ変更　73
金縛りにあわされた天皇　76
一銭一文の金でも国会の承認を　80
POLADに協力した日本人　83

第二部　天皇条項担当大臣、現場から退室　85

松本委員会の甲案と乙案　86

スクープ報道で漏れる 89
松本草案を知っていたマッカーサー 94
消えた松本草案(乙案) 97
さらなる日本政府案の要請 100
外相官邸での強談判 102
天皇の身柄は保障できない 104
追い詰められた松本国務相 107
民政局草案、漏洩は軍法会議の対象に 108
幣原首相、マッカーサーを訪問 110
突貫工事の日本案作成 112
松本国務相の天皇条項 114
松本側の応答に激怒したケーディス 123
「これはひとつ帰ろう」 125
うろたえた法制官僚 127
民政局は、これを求めていた 129
見たこともない「天皇条項」を担当 131
「承認」を命じたケーディス 133
「国務」と「政治」も認めない 135

「国会の制定する」を入れさせられた 137
社会党の要望を受け入れたケーディス 138
一切の皇室財産は国(国会)の管理下に 141
天皇の国事の中に外交がない 143
日本案の審議は、第一章のみ 145
内閣法制局百年史に書かれた汚点 148
マッカーサーの手法を借りた入江次長 150
「究極の口実」で勅語を得る 152
強い不安を抱いた侍従次長 157
説明を拒否した法制官僚 159
「猿回しの猿」を自認した幣原首相 160
影の起草者 162

第三部 一参事官の双肩に懸かった皇室典範 165

手渡された真相はこうだ 166
周章狼狽教授、天皇退位論者に接触 170

〝有名無実の憲法研究委員会〟設置 173
男系論者だった宮沢 175
民政局による追放を恐れ豹変 178
米国務省に利用された野坂参三 180
厳しさ増す公職追放 184
憲法研究委員、貴族院議員となる 186
壇上の乙案起草者 188
GHQによる宮内省機構の縮小、八割削減 189
高まるGHQの宮内省攻撃 193
宮内官僚・高尾亮一が見抜いた天降りの指令 196
皇室典範の真の作者 199
一参事官の双肩に懸かった皇室典範 203
偶然からの宮仕え 207
皇居の新宮殿をつくる 210
起草を任された小参事官 211
皇室典範会議 213
松本委員会同様の小委員会 216
宮沢提案の狙い 217

宮中席次をめぐり混乱 222
内親王も天皇に 224
皇位は例外規定 226
退位と皇嗣をめぐる内なる闘争 229
「天皇」と呼ばれていた男 230
退位も自由意思 234
佐藤達夫も危機感 237
皇室典範を日本側に委ねた民政局 239
井手成三、高尾亮一に相談す 242
通訳・寺崎英成御用掛 244
最後の壁「皇室会議」の設置 245
天皇、皇族が排除される 247
秋篠宮家婚約問題と制約 248
苦肉の皇室典範第十五条 251
今、求められていること 254

参考文献 256

プロローグ　「生前退位」を演出したNHK

平成三十年九月十二日、私は京都御所の承明門《しょうめいもん》に立っていた。御所の正殿《せいでん》とされる紫宸《ししん》殿《でん》を訪れるためである。嵯峨《さが》天皇の命名といわれる檜皮葺《ひわだぶ》き屋根で入母屋造《いりもやづく》りの紫宸殿では、平安時代から皇太子に定められる立太子《りったいし》の礼、天皇元服《げんぷく》、即位の礼が行われ、昭和天皇の即位式も催されたのである。承明門を通ると、白砂の南庭《なんてい》が広がり清々しい風景を作っていた。前面には天皇のみ使用が許される十八級の南階《みなみきざはし》があり、その上部に掛けられた「紫宸殿」という大額を見ている、とその時であった。数名の旅行者が入ってきたために、門の脇にいた六十歳ほどの御所男性職員が、彼らに十八級の南階の両側に植えられている左近《さこん》の桜、右近《うこん》の橘《たちばな》について説明をし始めた。ところが、その御所職員が「来年は天皇陛下の退位にあたるため」と言い、正殿の高御座《たかみくら》が東京の皇居に運ばれる、と説明を始めたとき、「天皇陛下の退位」という言葉に私は違和感を持ってしまったのである。なぜなら、天皇が退位できないことは、皇室典範で規定されているからである。ところが、宮内庁の管理下にある京都御所の職員が「天皇の退位」という言葉を普通に使い、それが定着していたので驚いたのである。

ところで、「天皇」と「退位」がセットで使われるようになった発端は、平成二十八年七月十三日に「NHKニュース7」が、「天皇陛下『生前退位』の意向」と放映したことにある。実は、この報道に関心を持った私は、東京都渋谷区に本部のある日本放送協会(NHK)に取材を申し入れていた。制作者である同協会報道局社会部に所属する橋口和人《はしぐちかずひと》氏に確認したいことがあったからである。それは、平成二十八年八月八日、天皇陛下が「おことば」を発せられた放送についてであり、陛下の「おことば」放映も、橋口氏が制作したものである。NHK記者として皇室報道に長年携わったという氏は、天皇陛下が「おことば」の発表をする三週間ほど前、つまり平成二十八年七月十三日の「NHKニュース7」で、「天皇陛下『生前退位』の意向」という報道を宮内庁の十分な了解もないまま一方的に放映し、その結果、同日の「NHKニュース7」画面上には、天皇陛下の映像と共に、「独自―天皇陛下『生前退位』の意向示される」というタイトルが映し出されたのである。しかし、これから明らかにするが、皇室典範第四条に「天皇が崩じたときは、皇嗣《こうし》が、直ちに即位する」と書かれているように、皇位継承は、天皇が崩じたときに限られており、ゆえに「NHKニュース7」が報じたような、生前退位も退位もないのである。

ところが、長年にわたって皇室報道に携わっていたと自任するNHK記者は、「取材の現場を任されている者として負けるわけにはいかない」という勝手な理由から、天皇陛下を「生前退位」させる報道をしてしまったのである。すると、同報道が出発点となり、「天皇の生前退位」が新聞、雑誌、SNS等他のメディアに拡散されたのだった。

その結果、美智子皇后陛下も、「各紙が『生前退位』と伝える大きな活字を見たときの衝撃は大きなものでした。それまで私は、歴史の中でもこうした表現に接したことが、一度もなかった」（平成二十八年十月二十日　宮内庁）と文書の形で述べられたように、NHK橋口記者の天皇「生前退位」報道は、皇后陛下に直接「衝撃」を与えたほどの結果をもたらしていたのだ。

そのNHK橋口和人記者が、「天皇陛下の『生前退位』の確たる意向を耳にしたのは、寒い季節だった」と、「重圧に耐えタイミング探る」（『新聞研究』　二〇一六年十月号　No.783）の中で書いている。この自身の記事によれば、橋口氏は取材先であった皇室関係者から、

「天皇陛下は譲位を望まれている」（前掲書　傍線筆者）

と伝えられた、として「譲位」という言葉を、そこに明記している。つまり、彼の取材先の皇室関係者は、橋口記者に天皇陛下の譲位希望を伝えてはいたが、橋口氏はこの「譲位」を勝手に「退位」とすり替えてしまったのである。

そして、天皇陛下の「譲位」を「退位」にすり替えた橋口記者は、

「即位以来、象徴としての務めを大切にされてきた天皇陛下。老いて果たし切れなくなる前に皇位から退く」（前掲書　傍線筆者）

「これまでの言動からあり得なくもない話だったが（略）それらとは全く次元の違う話に、『大変なことになった』」（同）

と、天皇陛下を「生前退位」に繋げる瞬間を記している。そして、そのように報道することを決意した橋口記者は、この決定について別の関係者に訊《き》いてみた。すると、この話を聞いた人物は、「そうした話は限られた者しか知らない」ため、それを「今報じられると」つぶされると警告をしてきたが、橋口氏はそうした反応を見て、「天皇陛下の『生前退位』の意向が、私の中で確信に変わった」（前掲書）と述べている。

とはいっても、その確信はもともと氏の思い込みであり、「生前退位」が皇室典範に反することには変わりがないのであり、例えば、日本国憲法の模範的な実践者である天皇が

「生前退位」などという言葉を使うことはあり得ず、仮にそのような発表が行われれば、日本で一番不快な思いをされるのは天皇陛下ご自身以外にあるまい。ところが、橋口記者は、「スクープしても抜かれても歴史に残ることになる。（略）金メダルしかない勝負の世界で、この話で先を越されるのは耐えられない」（前掲書）と、陛下のお立場を無視して、自らの金メダル目標設定を優先したのである。

そして、いよいよ「生前退位」として報道がなされる際、彼は、NHKが流す「生前退位」報道に天皇陛下サイドが反応してくれ、その結果として陛下から「おことば」が発せられることも狙っていた。「おことば」がなければ、彼の制作は、歴史的な誤報になってしまうからである。そのため、橋口記者は、「社会部の幹部とは情報を共有しながら、（天皇陛下側が反応してくれる、筆者注）タイミングを探る日々が続いた」（前掲書）と、その舞台裏を明かしている。

橋口氏は「生前退位」報道後に天皇陛下から「おことば」が発せられる日を予測してみた。そして、放映日を七月十三日に決定すると、「天皇陛下『生前退位』の意向」というタイトルで「NHKニュース7」において全国放送したのである。このニュースに宮内庁は、その報道内容を否定している。当然である。「生前退位」など、皇室典範にないからである。ところが、稚拙《ちせつ》にも日本国内の新聞等報道機関は、「NHKニュース7」に追随し、「天皇陛下生前退位」をトップで報じたのだ。しかし、NHK報道局は、これで天皇の「生前退位」報道をやめなかった。これら新聞等報道機関を通して知らされた国民の関心が、天皇陛下からの反応に向けられる頃合いを見計らい、七月二十九日に「生前退位」報道の第二弾を放映した。ここまで先走った天皇退位報道を全国的にされてしまった天皇陛下は、これに応じなければならない状況となり、八月八日、ついに「おことば」表明をされたのだった。

「戦後七十年という大きな節目を過ぎ、二年後には、平成三十年を迎えます。

私も八十を越え、体力の面などから様々な制約を覚えることもあり、（略）この先の自分の在り方や務めにつき、思いを致すようになりました。

本日は、社会の高齢化が進む中、天皇もまた高齢となった場合、どのような在り方が望ましいか、天皇という立場上、現行の皇室制度に具体的に触れることは控えながら、私が個人として、これまでに考えて来たことを話したいと思います」

天皇陛下はこのように語り始められた。皇室制度に具体的に触れることは控え、違憲にならないよう言葉を選んでのご発言であった。陛下は、ご自身が高齢になったため、このことが象徴としての行為に障害になっている。これに対処するために国事行為などを縮小していっても無理がある、と述べられ、最終的に「重病などによりその機能を果たし得なくなった場合には、天皇の行為を代行する摂政《せっしょう》を置くことも考えられます」と、摂政の設置を具体的な対応策として出された。ところが、陛下はその案についても、「この場合も、天皇が十分にその立場に求められる務めを果たせぬまま、生涯の終わりに至るまで天皇であり続けることに変わりはありません」と摂政案に不賛成を表明した。そして、このように摂政案を否定した陛下は、さらに踏み込んで、次のように語る。

「天皇が健康を損ない、深刻な状態に立ち至った場合、これまでにも見られたように、社会が停滞し、国民の暮らしにも様々な影響が及ぶことが懸念されます。更にこれまでの皇室のしきたりとして、天皇の終焉に当たっては、重い殯《もがり》の行事が連日ほぼ二ヶ月にわたって続き、その後喪儀《そうぎ》に関連する行事が、一年間続きます。その様々な行事と、新時代に関わる諸行事が同時に進行することから、行事に関わる人々、とりわけ残される家族は、非常に厳しい状況下に置かれざるを得ません」

丁寧な口調で右のような懸念を具体例を挙げ説明した天皇陛下は、やがて正面を向き、

「こうした事態を避けることは出来ないものだろうかとの思いが、胸に去来する」

と本心を吐露されたのである。そして、このように、本心を表明された陛下は、

「国民の理解を得られることを、切に願っています」

と「おことば」を締めくくったのだった。

その日、摂政案を否定された陛下は、最後に語った奥ゆかしいその一行の中に、どのような理解を求めたのであろうか。


これを制作した橋口NHK記者は、「退位」だ、と最初から結論づけていた。そして、それを「生前退位」というさらなるドラマチック仕立てな表現にして、七月十三日の「NHKニュース7」で「天皇陛下『生前退位』の意向」と放映すると、このNHK「天皇退位」報道に新聞等他の報道機関も追随した。そこで、NHKは国民の関心が天皇の反応に向かう頃合いを見計らい、それに合わせて七月二十九日に、天皇の「生前退位」報道を放映した。しかし、このように作られた「生前退位」報道を即座に見破り、心配されていた

のが天皇陛下であり、だからこそ、天皇陛下はテレビの前で「おことば」表明をされたのであろう。

陛下の日々は、一瞬一瞬が憲法や皇室典範と共生し回転する瞬間でもある。

日本国憲法第三条により「天皇の国事に関するすべての行為には」内閣の助言と承認が必要とされることから、憲法を尊重して行動する陛下はそれを実践しておられる。その証として、陛下は「おことば」表明を次のような言葉で終えていたのである。

「憲法の下《もと》、天皇は国政に関する権能を有しません。そうした中で、このたび我が国の長い天皇の歴史を改めて振り返りつつ、これからも皇室がどのような時にも国民と共にあり、相たずさえてこの国の未来を築いていけるよう、そして象徴天皇の務めが常に途切れることなく、安定的に続いていくことをひとえに念じ、ここに私の気持ちをお話しいたしました。

国民の理解を得られることを、切に願っています」

陛下は、「おことば」表明の中で、摂政に御不満を述べられたものの、その代案は示されず、御本心も明かされなかった。私が、学習院初等科に進学して、陛下と同級生になることを運命づけられ、厳冬の日光で共に疎開生活を送り、現在まで交流のある御学友宅を訪れて、確信したことは、陛下はその日、我々に「生前退位」ではなく「譲位」を訴えられた、ということである。譲位とは、君主が位を譲ることで、これを理解してくれるよう、国の主権者である私たち国民に求められたのである。

これに対して、天皇陛下に最も近いところで取材をしていた橋口NHK記者は、陛下の「おことば」が放映されたのちにも、

「今回の報道でNHKは、天皇陛下『生前退位』の意向とその理由など、お気持ちの表明に至るさまざまな背景についても伝えた。それによって視聴者が天皇陛下のメッセージをより深く理解できた」（前掲書）

と、あくまでも天皇陛下の退位報道を続けた。そして、氏は「生前退位」という架空の造語を使って、

「報道各社の世論調査では、『生前退位』に賛成する声が多数を占めている」

とも述べ、

「政府は、世論の高まりを受け、本格的な検討に入るようだ」（前掲書）と、日本政府が「天皇退位」に向け本格的な検討に入るかのように結んでいる。しかし、私は、このよう

な同報道の仕方に接し、天皇退位誘導を読み取らざるを得ないのである。というのも、天皇退位は、七十三年前の皇室典範作成時において、論議されていたからである。

一九四六年二月一日付『毎日新聞』スクープ記事がきっかけで、日本側の憲法改正試案（実際は宮沢俊義《みやざわとしよし》が書いた松本草案乙案）が明らかになり、これを批判したGHQ民政局自らが日本国憲法を起草することになった際、最重要視されたのは天皇条項であり、それ故に同条項は日本国憲法の第一章第一条から第八条に置かれたのである。そして、この民政局版天皇条項により、その日まで憲法から独立していた皇室典範が、天皇条項に従属されることになった。その直後、皇室典範の起草がGHQ民政局から日本人の手に委ねられると、これに参画した委員たちは、GHQ民政局の顔色を窺いながら天皇退位や女性天皇を要求したのである。

天皇退位には戦後の混乱時にこそ由来があり、NHK放映もここから派生し、その影響が京都御所職員にまで及ぶに至った、そう私は確信する。本書において、日本国憲法第一章に置かれた天皇条項、そして、それを鑑《かがみ》として作られた皇室典範の真実を知らせたいと切望する次第である。

第一部

わずか二日間で書かれた天皇条項

毎日にスクープされた憲法草案宮沢案が発火源

一九四六（昭和二十一）年二月一日のこと、『毎日新聞』が「日本国憲法草案」をスクープ報道した。スクープしたのは西山柳造《にしやまりゅうぞう》という記者で、彼は松本烝治《まつもとじょうじ》国務大臣が委員長となって日本国憲法の起草準備に当たっていた、宮沢が書いた松本草案（乙案）といわれる草案を憲法問題調査委員会の事務局で見つけ、新聞記事にしてしまったのである。

『毎日新聞』が報じた日本国憲法改正草案乙案は、GHQではなく米国務省の日本代表部POLAD《ポラッド》（GHQではなく！）の目に留まり、彼らは直ちに英訳作業に入った。そして、同日午後に英訳が完成され、国務省駐在員のロバート・フィアリーに手渡されたのである。フィアリーは、一九四五年十月一日に結婚式を挙げたばかりで、その足で国務省POLAD駐在員として新妻を残し、十月十二日、単身東京にやってきていた。彼の最初の来日は一九四一年七月で、そのときは四年ぶりの再来日だったが、ワシントン在勤中は、戦争終結後の「日本占領計画SWNCC《スウィンク》228」の策定に関わっていた。もともと「日本占領」政策は、一九四三年夏から米国務省極東局が作り始め、これが上層部に承認され、陸軍省と海軍省の三省からなるSWNCCと呼ばれた国陸海三省調整委員会で、日本占領最終案が決められたのである。

フィアリーは同委員会で経済分野の政策立案に関わっていたジャパン・ハンズと呼ばれる日本派で、再来日後は、日本国内の報道を注視していた。『毎日新聞』報道はそうした中での出来事であったため、フィアリーは手渡された日本国憲法改正草案を、早速宿舎に戻って読んでみようと思った。まさにそのようなとき、宿舎になっていた第一ホテルでの夕食の際、彼はGHQ民政局員のサイラス・ピークと顔を合わせたのである。

サイラス・ピークは一九〇〇年、ミネソタ州の医師の家庭に生まれた中国研究者だった。ノース・ダコタ州の高校を終えると二つの大学に在籍した後名門ノースウェスタン大学に編入、卒業の一九二二年にキリスト教青年会YMCAから日本に行って英語を教えないかと勧誘を受けた。日本政府が給与を負担するかわりに、YMCAは米国内から英語教師を日本に送り出す人材派遣を行っていたのである。

ピークはYMCAの勧めに従い日本に向かい、横須賀、藤沢、平塚の中高生たちに英語を教えた。そして、二年間の日本滞在後に帰国すると、日本研究を志してコロンビア大学大学院に進学することにしたのである。ところが、コロンビア大学はまだ日本学科を開設していなかったため、中国学科に入って中国研究をし、北京留学を経て一九三二年に博士号を取得、以降はコロンビア大学で教えていた。

その後彼はＧＨＱ民政局に派遣されるのだが、その直前に国務省にも編入されたことがあり、そこで、同省極東局のフィアリーと知り合っていた。その際、日本・中国の専門家である二人は国陸海三省調整委員会が作成していた日本占領計画ＳＷＮＣＣ２２８についても話し合う仲になった。

フィアリーと相前後して一九四六年一月三日に来日したピークは、ＧＨＱ民政局に配属されたものの、国務省関係者が所属するＰＯＬＡＤにも知人を持つことになったのである。ピークはＧＨＱ民政局計画課に配属され、日本占領作業に当たることになったが、その過程で日本国憲法に興味が向かった、と後に明かしている。(Dr. Cyrus H. Peake Interview　Harry S. Truman Library　16・6・1972)

彼は民政局の上司にそれとなくその関係の質問をしてみた。その上司は、フランク・ヘイズといい、チャールズ・ケーディス民政局次長の右腕として民政局をまとめていた四十歳前後の弁護士だった。

憲法の虜になったサイラス・ピーク

ピークはヘイズのところに行き、日本占領に関係する憲法の仕事をさせてくれないか、と言ってみた。すると上司のヘイズは、

「駄目だな、それは極東委員会の担当なので、われわれは関係しないことになっている」

と答えた。それは一九四六年一月のことで、極東委員会が日本に派遣されてくる直前のことだった。

上司は正しかった。ピークが調べてみると、コートニー・ホイットニー民政局長から、

「極東委員会の状況により、民政局員は憲法の調査・研究に従事してはならない」（前掲書）

という命令が出されていることがわかった。さらに、

「マッカーサーも、民政局は憲法に関与しない」（前掲書）

という命令を出していることも判明した。

民政局はGHQ司令部の六階にあった。二階から四階は参謀第二部（G－II）、五階は参謀第一部（人事）になっていた。占領前は、六階は舞踏室として使われていたため、民

政局の天井には豪華なシャンデリアが何本も下がっていた。ホイットニー局長室は六階の会議室隣りにあった。六一二号室はケーディス次長の執務室で、サイラス・ピークは六一一号室をトーマス・ビッソンと共用していた。ビッソンはキリスト教宣教団の英語教師として中国で暮らしていた人物だった。一九三七年三月には日本、朝鮮、満州を視察旅行し、北京に入ると、蔣介石《しょうかいせき》の顧問をしていたオーエン・ラティモアと共に延安の中国共産党本部を訪れ、毛沢東《もうたくとう》、朱徳《しゅとく》と会っている。そして、中国から米国に帰ると「中国人民友の会」会員になり、IPR（太平洋問題調査会）に勤務しつつ、日本の中国侵略に反対する活動家になり、ラティモア発行の『アメラシア』誌で日本の軍国主義、財閥の戦争責任を告発する論文を発表した。そんな彼も、やがて来日し、GHQ民政局員として財閥解体に取り組むことになったのである。

ピークは中国研究者だったことが幸いし、GHQ民政局内の親中派・親ソ派とも知り合いになった。そして、ピークは彼らとの交流を保ちつつ、なぜマッカーサーは憲法問題への関与を禁じたのか、という疑問を持つと、その謎の虜《とりこ》になった。（*The Reminiscences of Cyrus H. Peake* New York Times oral history program, Columbia University Collection 12・7・1961）

宿泊先の食堂で夕食をとっていると

敗戦当時、日本国内ではさまざまな憲法草案が作られていた。政党だけではなく、大阪や神戸では経済界の商業団体までも独自の憲法案を作っていた。このような情勢を見ていると、ピークは、近いうちに日本の未来に改革をもたらす憲法改正が必ず行われる、と確信していた。そして、きっと何かが起こるはずだ、と思いながら、ＧＨＱとＰＯＬＡＤの動きに目を凝らしていた。

二月一日に、『毎日新聞』が、日本政府案と呼ばれる宮沢が書いた松本草案（乙案）を報道したのはそのようなときだった。しかし、ピークはその記事は見ていなかった。ところが、その晩、宿泊先の食堂で夕食をとっている際に、突然、ロバート・フィアリーから

「今日の新聞にリークされた日本政府案を読んだか」

と訊かれたのだ。

「いや」

ピークは心の中では大興奮していたものの、表面上は興味など全く示さないそぶりをしてそう応じた。

「そうか」
フィアリーはそう言うと、
「We translated it and the State Department had a translation made.
(われわれはそれを英訳したのだ、国務省が英訳させたんだ)」(Dr. Cyrus H. Peake Interview Harry S. Truman Library 16・6・1972)
そう言葉を続けた。
ピークはこれを聞くや、待ってましたとばかりに
「それ、見せてもらえるかな」
と言ってみた。すると、フィアリーは
「部屋に来てみる？ 英訳文を見せてあげよう」
と言ってくれたのだった。

ピークからホイットニーへ

ピークは来日以来、ＰＯＬＡＤの国務省員たちとも情報交換を行っていて、憲法情報は彼らから得ていた。ＰＯＬＡＤは政治団体、商業団体、学会などが作っていた憲法試案も

入手し、それらを英訳していた。ピークがその動向を追っていたことを知っていたフィアリーは、『毎日新聞』が日本政府案だ、と報じた松本草案（乙案）の情報をくれたのだった。ただし、フィアリーからは同案の英訳文について他言せず極秘を守るよう誓わされた。

ピークは、フィアリーの部屋で日本政府案の英訳文を読み始めた。すると、その内容が「自分がワシントンで読んでいたSWNCC228の憲法改正案の見地から不十分だ」（前掲書）と思った。そこで、フィアリーに英訳文を書き留めてもよいかと許可を取り、それらを書き写すと自室に戻って、内容の要点作りに取りかかった。そして、日付が変わった二月二日土曜日、彼は朝一番にホイットニー民政局長室に突進していき、『毎日新聞』が報道している日本政府案が明治憲法と変わらないとして、「この憲法改正案は、極めて保守的で、天皇の地位も実質的変更を加えられていない。天皇は、統治権をすべて保持しています」というメモを提出した。ホイットニー局長はピークのメモを読むと、

「直ちにこれをマッカーサー元帥に届けよう」

と言うと、ピークに、必要な人材を集めて『毎日新聞』が報道した日本政府案の英訳と評釈を作るように指示した。

マッカーサーは執務室に午前十時に入ると、連絡事項のブリーフィングを受け、ワシン

トンからの通信や文書業務を片付ける仕事を午後一時までこなし、それから住居にしていた米大使館に戻って昼食をとるのが、GHQにおける生活パターンだった。食後は昼寝をしてから再びGHQ司令部に戻り、夜八時まで三百六十五日休みなく仕事を続けていた。

二月二日は、午後六時に司令部に戻ってくることになっていた。

その日の朝から、ケーディス、マイロ・ラウエル、アルフレッド・ハッシー、それにピークらは、日本政府案とされる英訳をもとにして、評釈作りをし、午後五時にその仕事を終え、局長のホイットニーに説明をした。

マッカーサーの顧問弁護士・ホイットニー民政局長

ホイットニー民政局長は、東京湾内の戦艦ミズーリ号で日本が降伏調印式をした際に、マッカーサーの演説文を書いた人物だった。彼は、一八九七年にメリーランド州タコマ・パークで生まれた。兵役を志願して通信隊航空学校に入り、一九二〇年に陸軍航空隊中尉となった。その間、夜間部で学びながら、弁護士資格を取得した。そして、一九二七年にマニラで法律事務所を開いて弁護士をするかたわら、鉱山の試掘、株式投資とさまざまな事業をして財を築いた。ところが、日米が開戦する一年前、彼は再び軍隊生活に入る。そして、陸軍航空隊司令部の法務課長補佐として、一九四三年三月にオーストラリア南西太平洋軍司令部勤務を命じられ、直後にマッカーサーと知り合ったのである。GHQ参謀長エドワード・アーモンドは、ホイットニーが実利を狙ってマッカーサーの側近になったと言い、次のように述べている。

「私がある案件でマッカーサーに会いに行くと、必ずそこにはホイットニーがおったものだ。彼は厚顔な奴で、普通であれば席を外さなければならないような案件で訪ねたときでも、同席をした」（『E・M・アーモンド少将回想録』MacArthur Memorial Archives 4・8・1971）

マニラでは好んで〝危険な〟案件を取り扱っていたことから「救急車弁護士」といわれていたホイットニーは、その後、マッカーサーの顧問弁護士になり、両者の関係は緊密になっていった。

ホイットニーは文章力に優れ、マッカーサーの考えをまるで本人が書いたような文にすることができた。筆者が米国ノーフォークにあるマッカーサー記念資料館で見つけた『J・スウィング回想録』には、マッカーサーがジョゼフ・スウィングにこう言ったと述べられている。

「ホイットニーはまるでマッカーサーのように書くことができたのだよ」

「彼ら（ホイットニーとリチャード・サザーランドのこと　筆者注）だけが私（マッカーサー）が書いて欲しいような書き方ができるのだ（略）。そんな能力のある者は、ここで見つけようと思ってもなかなか見つからない」


二月二日午後六時、マッカーサーがGHQ司令部の執務室に戻ってきて、ホイットニーが追いかけるように入室して報告をすると、これを聞いた最高司令官は、

「（日本案を拒否する）理由を詳細に説明するメモを準備するよう命令した」のである。

（「日本国憲法制定におけるアメリカの役割」チャールズ・ケーディス『ポリティカル・サイエンス・クォータリー』一九八九年夏号）

「マッカーサーは二年間で日本を創り変える、が口癖だった」

（The Reminiscences of Cyrus H. Peake Columbia Center for Oral History 1961）

マッカーサーは米国大統領になることに狙いを定めていたという。

「極東委員会が進みだしたばかりで、同委員会が何かの都合で仕事を遅らせるようなことがあれば、マッカーサー最高司令官が考えていた占領期間も予定外にまで引き延ばされて

しまう。だから、決断したのです」（前掲書）

極東諮問委員会か極東委員会か？

米国政府は、終戦が近づくと同盟国による日本管理構想を練り始めていた。本当は米国単独で日本を思いのまま管理したかったが、大空襲で日本中を焼け野原にし、広島、長崎に原爆投下まで行っていたため、その恨みを受けた場合、日本管理は容易でない。他の同盟国と連携するようにすれば、占領中の安全が確保できる。そこで、国務省内で極東諮問《しもん》委員会構想が審議され、対日戦争に参加した国々に、日本を共同軍事占領する呼びかけをした。これが、一九四五年四月十一日に設立された極東諮問委員会（Far Eastern Advisory Commission）であった。ところが、英国は米国務省に、諮問委員会ではなく日本管理理事会の設立を求め、その場を使って、敗戦国日本のアジアにおける競争力とその地位を下げること、具体的には、日本を〝スターリンの共産ブロック〟圏に入れ、日本の潜在工業力に半永久的な制限を課すような措置作りに奔走していた。しかし、米政府は極東諮問委員会の設置をソ連、中国政府にも報告し、英国の日本管理理事会設置案は極東諮問委員会で審議すると伝えた。さらに、審議はするものの、同盟国間で意見の一致がなされない場合は、米国案が優先され、同盟国最高司令官マッカーサーに広範な権限が委ねられる、とする通達も出した。この間、ソ連と中国はなんの異論も表明しなかった。

ところが、九月十一日、ロンドンで開催された第一回外相理事会で、ソ連のモロトフ外相はバーンズ国務長官と個別折衝し、諮問委員会を管理理事会にするよう要求を始めた。極東諮問委員会は、その後、十月三十日にワシントンの米国務省で開催され、ソ連を除く連合国が出席し、一九四五年十二月二十一日まで十回会合を行った。米国務省の思惑は、ソ連を参加させてソ連にGHQを監視させ、GHQが日本を独占して支配することをやめさせることにあった。

国務省の電信をマッカーサーが傍受

スターリンは東欧のような日本管理を念頭に置いており、シベリアで強制収容所生活を送っていた六十万人の日本人捕虜を人間改造させてから日本に送り込み、国内の親ソ派と合流させて、日本を管理することを考えていた。

そこで英・米・ソ連の外相会談が行われ、妥協案を話し合い、極東諮問委員会に代わって極東委員会が設置（本部ワシントン）されることになった。

ところが、スターリンには、まだ不満があり、モスクワ外相会談が一九四五年十二月八日から十六日まで行われたものの、各国は一致点を見ないままモスクワを後にした。そうした中、ワシントンの国務省も、日本から情報が送られてこない状態になってしまった。国務省の日本出先機関ＰＯＬＡＤが本省に送っていた電信を、これを傍受していたマッカーサーが、阻害してしまったからである。このため、国務省は「極東諮問委員会のメンバーを何人か日本に送り、直接、マッカーサー元帥と協議してもらう」（『戦後日本の設計者――ボートン回想録』）ため、十二月二十六日、同メンバーは日本に出発した。

国務省の訪日団は、このようにあいまいな中で日本に向かったが、マッカーサーは訪日団が一九四六年一月九日に到着し、一月三十日に会談すると、憲法改正に言及し、「自分は改憲について、その管轄権を与えられていたが、もはや何らかの行動に出ることはやめた」

と伝えたのである。ところが、実際には、マッカーサー元帥の権能は保障されており、米政府はマッカーサーに国陸海三省調整委員会のＳＷＮＣＣ２２８文書「統治体制」を送付していた。

「同文書は、マッカーサーに対する（略）実質上の指令であり、マッカーサー最高司令官が（略）従うのは当然であった。特に、極東委員会が正式に結成されるまでの過渡期間は、これによる他に指令はなかった」

(The Far Eastern Commission, A Study in International Cooperation: 1945 to 1952 Dr. George H. Blakeslee Dept. of State Publication 1953)

SWNCC228文書は、最高司令官の権限を定め、憲法改正事項も含んでいた。極東委員会はその後、二月二十六日に設置（在ワシントンの旧日本大使館）が決定される。

マッカーサー・ノートと三つの要点

一九四六（昭和二十一）年二月一日付『毎日新聞』が報じた、日本政府の憲法草案ですべてが始まった。これを読んだため、民政局は草案の作成準備を進める決定をしたのだ。二月三日は日曜日だった。当日はアルフレッド・ハッシーが民政局の当直当番のため局に詰めていた。すると、午前十一時、マッカーサーが普段通りにやってきたため、姿を見るやホイットニー民政局長はマッカーサーの執務室に駆け込んでいった。（Alfred Rodman Hussey Papers　University of Michigan Library）

　そして、執務室のドアが閉ざされて一時間ほどしてから、ホイットニーが一枚の紙をひらひらさせ「ロッド、ロッド（アルフレッドの愛称）」と言いながら戻ってくると、ハッシーにこう伝えたのだ。

「Rod, the General has decided to write a constitution for the Japanese that will serve as an example to them」（前掲書）

（ロッド、元帥は日本人に模範になる憲法を書くことを決めたぞ）（以下筆者訳）

　ハッシーがホイットニーから手渡されたその書面を見ると、そこにはこうあった。

「The paper contained the several points which MacArthur considered essential to constitutional revision」（同）

（マッカーサーが憲法改正に必須と考えるいくつかの要点が含まれていた）

　それはマッカーサーが使っている赤で縁取りされた黄色紙に緑色の横線が入ったもので、次のように鉛筆書きされていた。

I

Emperor is at the head of the state.

His succession is dynastic.

His duties and powers will be exercised in accordance with the Constitution and responsive to the basic will of the people as provided therein.

II

War as a sovereign right of the nation is abolished. Japan renounces it as an instrumentality for settling its disputes and even for preserving its own security. It relies upon the higher ideals which are now stirring the world for its defense and its protection.

No Japanese Army, Navy or Air Force will ever be authorized and no rights of belligerency will ever be conferred upon any Japanese force.

III

The feudal system of Japan will cease.

No rights of peerage except those of the Imperial family will extend beyond the

lives of those now existent.
No patent of nobility will from this time forth embody within itself any National or Civic power of government.
Pattern budget after British system.

以下、筆者訳を掲げる。

一　天皇は国の元首である。
皇位は世襲される。

天皇の義務と権力は、憲法および憲法に規定された国民の基本的意志に従ってなされる。

二　国家の独立権としての戦争は廃止される。
日本は紛争の解決そして自己の安全保障を保持するためでも、手段としての戦争は放棄する。日本は、防衛と保護を、今や世界を動かしつつある崇高な理念に委ねる。

日本が陸海空軍を持つ権限は将来も与えられることはなく、交戦権が日本に与えられることもない。

三　日本の封建制度は廃止される。
貴族の権利は皇族を除き、現存者一代以上には及ばない。
華族《かぞく》の地位は今後どのような国家的、市民的な政治権力も伴わない。
予算の型は、英国制度にならうこと。

マッカーサーは三つの要点を挙げていた。第一は、天皇を憲法の管理下に置くこと。第二は戦争を放棄すること。第三は封建制と貴族制度などを廃止すること。つまり、この「マッカーサー・ノート」から、日本国憲法の第一の課題が、天皇問題にあったことが読み取れる。

マッカーサーは二月二日から三日にかけてそれらを自宅で考え、書いてきたのである。

自由裁量権を与えられたホイットニー

ハッシーが書面を読んでいると、ホイットニーが「ロッド、どうしたらいいかな」と問いかけてきた。ハッシーは、回想録で次のように述べている。

「その晩、第一ホテルの私の部屋で打ち合わせを行い、（略）民政局を小委員会にグループ分けし、それぞれに憲法起草の特定の章の責任を担当させようと決めた。

われわれケーディス、ラウエルそして私は、憲法起草をする際に、それらの小委員会に対して、最終的判断を伝える運営委員となることも決定した」

次いで、この三人からなる運営委員会の秘書に、ハッシーの婚約者ルース・エラーマン嬢をあて、三人は小委員会の人選作業に入った。運営委員会秘書に抜擢されたエラーマン嬢は、二月三日当日は民政局に出ていたので、その一部始終を見ていた。ただ、このような重要場面に立ち会っていたルース・エラーマン嬢が回想録を残していたことは全く知られておらず、トルーマン図書館の中で静かに眠っていた。この中で彼女は次のように語っていた。

「マッカーサーからホイットニーに命令が下されたのです。そして、これを受けたホイットニー将軍が民政局員を選んで、憲法改正会議を組織し、憲法を書き上げることにしたのです」（『ルース・エラーマン回想録』ハリー・トルーマン図書館）

一方、マッカーサーから命令を受けたホイットニーは、こう述べている。

「二月三日の朝、マッカーサーは第一生命ビルのオフィスに着くとすぐに、私に対し以下の措置をとるよう指令した。私はその仕事に着手するに当たって、次の規定以外には全面的な自由裁量権を与えられた。

(イ) 天皇制は保持されるが、それは立権的制約の中に置くように修正し、また国民の究極的意志に従うよう修正する

(ロ) 戦争と戦争権を放棄する (略)

(ハ) あらゆる形の封建主義は廃棄されること」(『日本におけるマッカーサー――彼はわれわれに何を残したか』コートニー・ホイットニー 毎日新聞社)

ホイットニーが、チャールズ・ケーディスを運営委員会の委員長、マイロ・ラウエル、アルフレッド・ハッシーを委員に任命すると、この三人は憲法起草作業について手順を話し合い、次の決定をした。

1 憲法起草運営委員ケーディス、ハッシー、ラウエルは、

2 民政局員を天皇条項、人権、司法権、行政権、地方行政、財政、立法権などの担当

班に割り振り、それらを小委員会と称することとする。

3　担当班に割り当てられた局員たちは、小委員会の班長による指示に従って各条項の作成を行う。

4　小委員会の班長は、草案完成後に条項をタイプ印刷し運営委員会に提出する。

民政局員たちの担当を仕分けたのは、マイロ・ラウエルだった。局員の姓名を紙面に走り書きし、名前と班を矢印でつなぎ合わせてから、ケーディス、ハッシーとも話し合い同意を得た。

二月四日、民政局員に突然の集合命令

翌二月四日、午前十時にホイットニー局長から民政局員の二十五名に会議室に集まるよう命令がかかった。

ホイットニーは、全員がそろっているのを確認すると、おもむろに宣言した。

「紳士淑女、今日諸君は憲法会議のためにここに集められることになった。マッカーサー元帥は日本国民のため新しい憲法を起草するという歴史的業務をわれわれに命じられた」

(The only woman in the room)

ベアテ・シロタ・ゴードンはホイットニーがこう話すのを聞いて、

「私には、この言葉が何を意味するのか、理解できなかった」(前掲書)

そう続けている。彼女は来日直前に米国籍を取得したばかりで、選挙投票さえしたことがなく、日本にいる両親に会うためだけに民政局員になっていた。

対照的だったのが、運営委員会秘書になったルース・エラーマン嬢で、彼女は次のような二月四日の会合報告書を作っていた。

「ホイットニー将軍は、これからの一週間、民政局が憲法制定会議をすることになったとして、会合を開いた。

マッカーサー将軍は、日本人のために新憲法を起草するという、歴史上重大な仕事を民政局に託された。

(略)

ホイットニー将軍は、民政局の新憲法草案が完成した後、二月十二日までにマッカーサー将軍の承認を得られるよう希望している。二月十二日に、ホイットニー将軍は外務大臣および日本の係官と非公開会合をすることになっている。日本側の草案は、右翼色の強いものであると予期している。そこで、ホイットニー将軍は（略）説得が不可能な場合には、力を用いると言葉で脅《おど》すだけでなく、力そのものを用いる授権《じゅけん》をマッカーサー将軍から与えられている」（*Ellerman report of Government Section meeting of 4 February 1946*『ラウエル文書』）

エラーマン嬢は、二月四日の会合でホイットニーが与えた作業上の心得も記していた。

「1　本作業全面にわたり、完全なる秘密が保持されなければならない
2　本作業には、暗号名を用いること
3　本作業で使われる草案、ノートなどすべては「最高機密」扱いとすること
4　作業は小さな実行委員会たる小委員会で行われ、小委員会の作業は運営委員会により調整される
5　仮案は、週末までに準備すること」（前掲書）

起草作業締め切りは八日後

その後、担当を割り振られた民政局員らは二月十二日の締め切りを目指して日本国憲法

草案作りに着手した。

天皇条項を担当したのは、リチャード・プールとジョージ・ネルソンという人物だった。プールは日本生まれの米国務省に所属する外交官で、一九四五年十月に国務省の日本出先機関であるPOLADに派遣され、そこからGHQの民政局に出向していた。

民政局では、プールは占領後の日本外交問題、国境線の確定問題、日本在住の朝鮮人、台湾人、中国人、などの状態把握に関わっていた。しかし、POLADはGHQの監視も業務目的にし、プールはPOLADの情報員として民政局に送り込まれていたのである。

そのようなとき、彼は突然、日本国憲法起草命令を受け、それも第一章天皇条項の起草班長に抜擢されたのだ。この命令を耳にし、さらに、

「一週間以内で憲法を作成しなくてはならないと言われて、ぞっとして鳥肌が立った」

(Richard A. Poole Interview 28. 4.1972 Harry S. Truman Library)

そうプールは答えている。憲法を起草するのであれば、

「もっと多くの時間が費やされなければならなかった」(前掲書)

と述べ、短期間で書き上げざるを得なかった背景に、極東委員会があったとも指摘して

いる。同委員会が米国務省の極東諮問委員会に対抗して作られた組織であったことを考えれば、プールの指摘はマッカーサーの思惑と一致する。

天皇条項のガイドラインSWNCC228文書

日本国憲法で最も重要な天皇条項の担当班長に抜擢されたプールは、彼が起草する条項が、やがて日本国憲法草案として国会に提出される、とわかっていた。天皇条項の起草者になったプールは、

「大日本帝国憲法と松本草案を見てから、フランス国憲法と米国憲法を急いで読んでみた。（略）資料がそれしかなく、日本人学者による資料などを集めて研究する時間がなかった」（前掲書）

と語っている。しかし、本当に、彼が読んでいた資料は大日本帝国憲法、フランス国憲法、米国憲法そして松本草案だけだったのだろうか？　疑問が湧き上がる。

プールは海軍の所属を装いつつ、すでに明記したように、実は米国務省からGHQ司令部の動向を探るために民政局に派遣されていた。特に、プールが所属していた国務省極東局は、「国務省の指導の下で（日本の　筆者注）戦後政策を立案するための独立したグル

ープが秘密裏に創出されようとしていた」(『戦後日本の設計者――ボートン回想録』)ことから、日本占領計画の中核であった。

その国務省極東局と陸軍省、海軍省の三省で日本占領計画を作る際、奈良市の牧師一家に生まれ、渡米し、偶然国務省入りし、日本に戻って外交官として駐在したユージン・ドゥーマンが座長になって立案されたのが、SWNCC228文書であった。同文書の作成に参加したボートンも、

「この報告書は、私(ボートンのこと　筆者注)が国務・陸軍・海軍三省調整委員会(SWNCC)のために起草したものだが、マッカーサー元帥の司令部が日本の新憲法を草案する際のガイドラインになるものであった」(前掲書)

と記している。

今、日本国憲法起草に当たって、最重要条項である天皇条項をあてがわれた国務省員プールは、ボートンとは大学の同窓生でもあった。さらに、SWNCC228文書も一度は完成したものの、直後に国務省極東局内での路線争いから、内容が書き換えられることが起きていた。このようなことからすれば、プールとしては、フランス国憲法や米国憲法な

どではなく、ＳＷＮＣＣ２２８文書こそを参照しなければならない、そう一番わかっていたはずである。ところが、その重要文書ＳＷＮＣＣ２２８は民政局の金庫に極秘文書として保管されていた。運営委員だったマイロ・ラウエルは、明確に述べている。

「ＳＷＮＣＣ２２８文書は、ケーディス氏が保管していた。彼はそれを金庫に入れていて、私が最初にそれを読んだのも一月二十日から二十五日の間で、同文書はスーパー極秘扱いでした」(Summary of conversation between Mr. Milo E. Rowell and Professor Hideo Tanaka 28. 8. 1974 Harry S. Truman Library)

同文書はＰＯＬＡＤから民政局に一部のみ渡されており、これを読むにはケーディスに許可を申請し、受け取り署名をしてから定められた場所で読むことになっていた。

ＰＯＬＡＤ代表は天皇処刑派

二月四日、日本国憲法の起草命令を受けた民政局員たちは誰もがパニックを起こし、受け持たされた条項関連の資料を求め東京中を探し回った。手元には資料がなかったからである。となれば、プールとしては国務省の日本出先機関ＰＯＬＡＤに行くのが自然である。

ＰＯＬＡＤは三井銀行旧本社ビルを接収して使っていたため、民政局から二〇〇メートルほどしか離れていなかった。プールはそれから二十六年後の一九七二年四月、

「自分はＰＯＬＡＤに行っても、日本国憲法起草については、第三者に公言してはならないとされていた」(Richard A. Poole Interview　28. 4. 1972　Harry S. Truman Library)

と語っている。つまり、行っていたのである。そして、ＰＯＬＡＤに行ったということは、同僚職員と接触したということにもなる。

「接触はありました。自分は海軍服を着た外交官でもあったので、アチソン大使を訪ねたり、部下の外交官にも何人か会いました」

ＰＯＬＡＤでプールが会っていたジョージ・アチソン大使とは、東京着任前は中国に長く駐在していた親中派の国務省幹部だった。毛沢東信奉者として有名で、東京には反日の外交官として天皇処刑を胸に秘めて来日していた。そして、近衛文麿《このえふみまろ》元総理をＰＯＬＡＤ事務所に迎えると、国務省の考えに沿った日本国憲法の起草工作を行っていた。

一方、ＰＯＬＡＤの通信網を傍受していたマッカーサーは、国務省の意図を読み取ると、

POLAD員に対しGHQへの立ち入り禁止令を出した。

そのため、プールのみがGHQ司令部ビルに出入りしていた唯一のPOLAD員であったが、プールも、国務省事務所POLADの通信がマッカーサーの傍受下にあったことは知っていた。

「国務省事務所は司令部に管理・傍受されており、そのことがPOLAD事務所で業務をし、国務省に独自の報告をするのを大変やりづらくしていました」(Richard A. Poole Interview 28. 4. 1972 Harry S. Truman Library)

このような背景から、国務省極東局が作ったSWNCC228文書に沿った憲法作りについてはプールが頼みの綱だった。ところが、同文書は金庫の中に閉じ込められていたため、彼としてはPOLADに向かわなければならなかったのである。

筆者が米国各地の大学図書館、資料館で資料を探索しながら気付いたことは、日本国憲法の中で一番重要である天皇条項を起草したリチャード・プールの関係資料が少ない、ということであった。それほどまでに、彼は自身が行った起草作業を秘密のまま閉じ込めておきたかったのであろう。そのような中、彼の天皇条項の起草過程を調査していると、新たな事実が次々と浮かび上がったのである。

プールが書いた天皇条項第一章

二月四日午前十時、二十五名の民政局員たちは七班に仕分けられ、担当条項を起草するよう命じられた。ところが、彼らの誰もが手元に関連資料を持っていなかったために、資料を求めて東京中を回ったのである。そして、収集してきたそれらの資料をノートに書き写すことから起草作業は始められた。

プールは、大日本帝国憲法、松本草案、フランス国憲法、米国憲法などをすべて読んだと公言している。しかし、それが本当であるとしても、二月四日の一日でそれらを読み終えられたであろうか？　他の班はどこも悪戦苦闘中であった。行政権班長サイラス・ピークは部下と考えが合わなくなり、その部下を厳冬の日光に出張させて作業に没頭していた。人権班は、運営委員との会談日になっても草案が書き上がらないため、会談を延長してもらっていた。一方、プールは大学で政治学を専攻したが、憲法については素人同然と自身で明かしている。そのような状況下、驚くべきことに、彼は二月六日に、天皇条項を完成させ、運営委員に提出していたのである。

天皇条項班長のプールは、わずか二日間で起草作業を終え、第一条を次のように書いていた。

Article I
Sovereignty over Japan shall be in the Japanese People, and shall be exercised by the State, which is their instrument.

「第一条　日本国の主権は、日本国民にあり、その主権は国民の手段たる国家によって行使される」（以下　筆者訳）

プールの書いた天皇条項第一条は、天皇についての書き始めであるにもかかわらず、天皇という言葉がない、国民主権で始まる型破りな条文になっていた。そのため、二月六日に運営委員会との会議が持たれると、第一条は、すぐに削除された。

しかし、それでもプールには、国民主権を天皇条項第一条に書く理由があった。というのも、彼は、前述したＳＷＮＣＣ２２８文書に従っていたからである。

SWNCC228文書の生い立ち

そもそもSWNCC228文書は、国務省（外務省に相当）が米国陸軍・海軍用の日本占領ガイドラインとして一九四三年夏から作成を始めて作り上げたものである。その際に、国務省極東局で中心になった人物は、いずれも伝道師家庭に生まれ、日本のことを知り、愛しさえした、日本課の担当官で、彼らが、SWNCC次官補委員会および同小委員会の座長として戦後日本占領計画をまとめていたのである。そして、そんな彼らは東京に派遣され、POLAD代表として同計画に沿った実務にあたることにもなっていた。

ところが、一九四五年八月三十一日、終戦以降の国務省極東局は、毛沢東を熱狂的に支持する中国派外交官が乗っ取り、SWNCC228を書き換えてしまうのである。そして、天皇処刑を公然と口にする国務次官（後長官）が就任すると、同省の日本出先機関であるPOLAD事務所代表にも親中反日外交官ジョージ・アチソンが送り込まれ、ワシントンからの指令も完全に変質してしまった。

例えば、戦争犯罪とパージ追放の対象者はもともと三十名程度であったが、それが二十万名にもなったのはこのためである。このような流れの中で、GHQ民政局に潜入していたプールもそのような意を受けとめて行動していたのである。

毛沢東派が支配するようになった国務省極東局では、「民主主義は大衆から」と叫ばれ、「日本国民の意思尊重」第一主義が採られ、それは天皇制にも優先するとして、彼らは「マッカーサーＳＣＡＰ最高司令官に、日本人が天皇制を廃止するように促すべしという指令を出していた」（ジョセフ・バレンタイン元ＳＷＮＣＣ座長・国務省極東局長）。

プールが、日本国憲法天皇条項第一条の中に「型破りな条文」となる「国民主権」を書き入れていたのはこのためであった。プールがＳＷＮＣＣ２２８文書に沿って天皇条項を作成していたことは、次の第二条を見るとさらに明白になる。

Article II
The Japanese Nation shall be reigned over by a line of Emperors, whose
①succession is dynastic.
②The Imperial Throne shall be the symbol of the State and of the Unity of the People, and the Emperor shall be the symbolic personification thereof, deriving his position from the sovereign will of the People, and from no other source.

「第二条　日本国家は天皇一系により君臨され、

①皇位は、世襲である。

②皇位は国家および国民統合の象徴であり、天皇とはその地位が主権を有する国民の意思のみに起因することを体現する象徴者である」

「象徴」はマッカーサーが命名した

プールは、第二条の①で、「皇位は、世襲である」と書いた。これは、マッカーサーがホイットニーに渡した「マッカーサー・ノート」（二月三日付）をそのまま写し書きしたからである。

続いて②は、天皇を「象徴」と「象徴者」と書いているが、この理由についてプールは、「象徴という天皇の表現は、上から与えられていたので、そのまま起草した」と答えている。

私が見つけたプール文書（一九九一年四月付）によれば、プールは、起草にかかろうとしたとき、ケーディス民政局次長に呼ばれ、「マッカーサー・ノート」にケーディスがさらに加筆をした「新マッカーサー・ノート」を見せられたという。

「マッカーサー・ノート」の一行目は「天皇は国の元首である」という条文であったが、

その「元首」が、二月四日の時点では削除されていて、その削除されていた「元首」のところにケーディスが、「上から与えられたので」「象徴」にするよう命じたのだ。

では、プールが「上から与えられた」と言及している「上」とは、具体的に誰なのか――。それは、マッカーサーであった。

「マッカーサーが、天皇を象徴的な地位に置いておくことを決めたのです。そして、それがケーディス大佐の直筆で『象徴』と特筆されていました」

「マッカーサーやわれわれ誰もが、天皇に権力を保持させることは承認できませんでした」

「天皇の人間個人としての側面よりも、天皇制度が日本人に与える重要性に注目したのです」(Richard A. Poole Interview　28. 4. 1972　Harry S. Truman Library)

プールはこのように述べている。そして、そのような観点から、天皇は、現行日本国憲法第一条で象徴的存在にされ、天皇が行う儀礼、批准《ひじゅん》その他の役割について、それらの行為が権力を持たない状態でなされるように起草されたのである。

革命的な一言を加筆

Article III
The Imperial Throne shall be succeeded to in accordance with such Imperial House Law as the Diet may enact.
「第三条　皇位は、国会が定める皇室典範に従い継承される」

天皇の位、つまり皇位について、大日本帝国憲法は
「第二条　皇位ハ皇室典範ノ定ムル所ニ依リ皇男子孫之ヲ継承ス」
とし、皇位は、皇室典範に従い、天皇の男系男子がこれを継承する、としている。プールも最初、「皇位は皇室典範に従うこと」と書いていたのであった。ところが、SWNCC228文書を見ると、そこに「国会が定める」とあったので、それを付記したのだった。そして、この付記が天皇のみならず皇室制度そのものを〝革命的〟に変質させてしまった。それまで日本では、大日本帝国憲法と皇室典範は、互いに独立した二極をなす国の根本法として並存していた。そのような中、プールがSWNCC228文書に従って一言加筆したことで、皇室典範が国会の変数となって国会の意のままに動かせるようになってしまい、

それまで独立を保っていた天皇および皇族は、国民の表情を窺わなくてはならない存在に変えられてしまったのである。

プールは天皇条項第四条を次のように書いた。

Article IV
All official Acts and utterances of the Emperor shall be subject to the advice and consent of the Cabinet. The Emperor shall have such duties as are provided for by this Constitution, but shall have no governmental powers, nor shall be assume or be granted such powers. The Emperor may delegate his duties in such manner as may be provided by Law.

When a regency is instituted in conformity with the provisions of such Imperial Home Law as the Diet may enact, the duties of the Emperor shall be performed by the Regent in the name of the Emperor, and the limitations on the functions of the Emperor contained herein shall apply with equal force to the Regent.

「第四条　天皇のすべての国事行為および全発言は、内閣の助言と承認のもとになされねばならない。天皇は憲法により与えられた任務を有する、しかしながら国の権能《けんのう》は持たず、負わされず、あるいは権力を与えられてはならない。天皇は任務を、法律の定めるところにより、委任できる。

摂政が、国会の定める皇室典範に従って置かれたとき、摂政は天皇の名でその任務を行う。そして、憲法に定められた天皇の機能に対する制限は、摂政にも等しく適用される」

天皇制廃止を推奨する文書

ＳＷＮＣＣ２２８文書は、

「日本国民は、天皇制が廃止されるよう促されなければならない」(SWNCC228, 27-11-1945 Page2)

このように天皇制の廃止を推奨していた。そして、それでも日本国民が「天皇制を維持すると決定した場合には、日本政府に対し、（略）次に掲げる安全装置（略）を喚起しなければならない」と天皇に権力を与えないようにする「安全装置」として、次の四点が挙げられていた。

1　天皇のすべての重要事項については、内閣の助言に基づいてのみ行動させる。
2　天皇は、（略）軍事に関する権能は、すべて剥奪《はくだつ》される。
3　内閣が、天皇を補佐し、助言を与える。
4　皇室の全収入は、国庫に繰り入れられ、皇室費は、毎年の予算に計上して立法府で承認されねばならない。

こうして、プールは、天皇条項第四条を起草する際にも、SWNCC228文書を参照し、「天皇は、国事行為はもちろんのこと、全発言（傍線筆者）についても、内閣の助言に基づいて行動すること」「内閣は、天皇を補佐し、助言を与える」と書き入れていたのである。

これからすれば、先般二〇一六年七月に発せられた天皇陛下の「おことば」は憲法違反となってしまう。

任務列挙の理由

天皇条項第五条は、天皇の任務についてで、プールは次のように起草していた。

Article V

The Emperor's duties shall be:

To affix his official seal to and proclaim all Laws enacted by the Diet, all Cabinet Ordinances, all Amendments to this Constitution, and all Treaties and international Conventions;

To convoke ordinary sessions of the Diet in accordance with the provisions of Article _;

To convoke extraordinary sessions of the Diet, when called upon by the Cabinet, in accordance with the provisions of Article _;

To dissolve the Diet and proclaim a general election, when called upon by the Cabinet, in accordance with the provisions of Article _;

To solemnize the opening and closing ceremonies of the Diet;

To appoint as Prime Minister the leader of the Majority party in the Diet, or, failing a Majority party, such member of the Diet as is able to command majority therein, and to accept his resignation, in accordance with the provisions of Articles __;

To confirm the appointment or commission and resignation or dismissal or other Ministers of State, Ambassadors and those other State officials whose appointment or commission and resignation or dismissal may by law be confirmed in this manner;

To confirm the judgments of Courts of Laws, including the Diet when sitting as a court;

To confirm pardons and reprieves granted by the Cabinet or Diet;

To award such honors as the Cabinet or Diet may bestow;

To receive Ambassadors and Ministers of Foreign States; and

To perform such other ceremonial duties as may be established by law or otherwise authorized by the Cabinet or Diet.

「第五条　天皇の任務は、
国会で制定されたすべての法律、政令、憲法改正およびすべての条約と国際協定に公印を捺《お》し、公布する。

規定条項に従い、通常国会を召集する。

規定条項に従い、内閣に要請された際、特別国会を召集する。

規定条項に従い、内閣に要請された際、国会を解散し、総選挙の施行を公布する。

国会の開会式および閉会式を挙行する。

規定条項に従い、国会における多数党党首を内閣総理大臣に任命し、多数党が存在しないときは、多数を占める政党の国会議員を内閣総理大臣に任命し、辞表を受理する。

国務大臣、大使および法律の定める他の官吏の任命、委嘱《いしょく》、辞任、解任を確証する。

裁判所の判決および国会が裁判所として開廷した判決を確証する。

内閣または国会で承認された恩赦と執行猶予を確証する。

内閣または国会が付与する栄典を授与する。

外国からの大使・公使を接受《せつじゅ》する。そして、
法律、内閣または国会に定められた他の儀礼的任務を行う」

右のような天皇の任務一覧作成に当たって、プールは英国王の慣例を参考にしたという。しかし、それも表面上であり、天皇の任務を一つ一つ列挙したことによって、天皇が執り行うそれら一つ一つの行為が儀礼的なものにされるよう細心の注意を払っていたのである。プールは、天皇のどの一つの行為においても、そこには権威や権力を持たせるようなことはさせたくなかったと明言している。(Richard A. Poole Interview 28. 4. 1972 Harry S. Truman Library)

経済的自由のない皇族

天皇条項第六条は、皇室費で、プールは、次のように書いた。

Article VI
The Emperor shall be served by two Privy Ministers, appointed by him with the advice and consent of the Cabinet: A Lord Keeper of the Privy Seal, who shall assist him in the discharge of his official duties, and a Lord Chamberlain, who

shall assist him in the management of his household and the expenditures of The Throne.

The Imperial Household shall be managed in accordance with such Imperial House Law as the Diet may enact.

Appropriations for the expenditures of the Throne shall be included in the annual national budget.

「第六条　天皇は、内閣の助言と承認に基づき、自ら任命する内大臣一名、公務を助ける国璽《こくじ》管理官一名と皇室管理・経費を助ける侍従長一名に補佐される。

皇室は、国会の定める皇室典範に従い管理される。

皇室費は毎年の国家予算に計上される」

ＳＷＮＣＣ２２８文書は、皇室に収入がある場合は、その一切が国庫に繰り入れられるとし、

「皇室費は、立法部により、歳出予算の中に計上されるという諸規定を含むものでなければならない」としていた。プールは第六条を作成する際も同文書そのままを書き入れ、皇

族に経済的自由を与えないように注意した。

プールは、このように天皇条項について六本の条項を起草すると、タイプ印刷をして運営委員に提出した。二月六日のことであった。つまり、後に日本国憲法第一条から第八条になる最も重要な天皇条項が、他のどの班の条項よりも短時間のうちに書き上げられたことは記憶に留めておいてほしい。

さらに、このように天皇条項の起草に使われたSWNCC228文書については、当時の法制局、外務省、宮内省関係者の誰一人として、その内容はおろか存在すら知らされておらず、名称を知らされたのは十年後、一九五六年になってからのことであった。

国民主権は削除

二月六日、天皇（条約・授権規定）条項小委員と運営委員との協議が始まった。

前述したように、プールは天皇条項の第一条を、「日本国の主権は、日本国民にあり、その主権は国民の手段たる国家によって行使される」と、天皇条項であるにもかかわらず、国民主権で始めていた。ところが、国民主権については、ハッシー運営委員がすでに憲法前文の中で明記していたために、プールの第一条は削除された。

プールは第二条を、次のように書いていた。

「日本国家は天皇一系により君臨され、①皇位は、世襲である。②皇位は国家および国民統合の象徴であり、その地位が主権を有する国民の意思のみに起因することを体現する象徴者である」

ここでは「日本国家は天皇一系により君臨される」の中の「君臨（reign）」という言葉が問題になった。君臨（reign）とは、統治するという意味をも持っている。このため、

「他の言葉に変えなければならない」

とラウエルとハッシー両運営委員から口をそろえて言われたので、プールは同草案を次のように書き換えて、第一条にした。

An Imperial Throne shall be the symbol of the State and of the Unity of the People, and an Emperor shall be the symbolic personification thereof, deriving his position from the sovereign will of the People, and from no other source.

「天皇は日本国および国民統合の象徴であり、天皇の権力は主権を有する国民の意思に由

来し、それ以外には有り得ない」

さらに、「①皇位は、世襲である」も、次のように編集された。

Succession to the Imperial Throne shall be dynastic and in accordance with such Imperial House Law as the Diet may enact.

「皇位の継承は世襲であり、それは国会が定める皇室典範に従い行われる」

つまり、皇位継承は「国会が定める」皇室典範に従ってなされる、とそこに書き入れられたのである。その日まで、皇室典範は憲法から独立した自律法であった。大日本帝国憲法と皇室典範は、日本国の二頂極法であったことから、皇位の継承を定める際、大日本帝国憲法から影響を受けず、完全に独立した皇室典範に従って行われてきた。それが、「国会が定める皇室典範」というプールが書き入れた一文により、皇位の継承は国会の場に移されることになったのである。今日、皇位の継承のみならず、その存続までも「国会が定める」ことを知る日本人は、ほとんどいないのではなかろうか？

プールの書いた同草案は、次の日本国憲法第二条となっている。

日本国憲法第二条
皇位は、世襲のものであって、国会の議決した皇室典範の定めるところにより、これを継承する。（傍線筆者）

権能を持たない天皇

プール草案の第四条は、運営委員会ですぐに一行目が全削除され、そこに、

「天皇のすべての国事行為に対しては内閣の助言と承認が要され、内閣がその責任を負う」

という文が入れられ、次のように続いていた。

The Emperor shall have such duties as are provided for by this Constitution, but shall have no governmental powers, nor shall he assume or be granted such powers.

「天皇は憲法に与えられている義務を有する、しかしながら国政の権能は持たず、負わされず、権力も与えられてはならない。天皇は任務を法律の定めるところにより、委任することができる」

運営委員会は、この二行目を読むと、天皇の権威をできるだけなくしたいため、草案中の「duty（義務）」を「state function（国事）」に変え、「have（有す）」も「perform（行う）」にして次のように書いた。

The Emperor shall (perform) such (state functions) as are provided (in) this Constitution. (He) shall have no governmental powers, nor shall he assume or be granted such powers.

「天皇は、この憲法により与えられている国事を行う。天皇は国政の権能を持たず、負わされず、権力も与えられてはならない」

内閣の「補佐」から「承認」へ変更

プールが天皇条項を起草した際に、SWNCC228文書を参照していたことは、すでに指摘した。彼は第四条草案も、SWNCC228文書をもとにして作っており、例えば、次の文が同文書に該当する。

（3）The Emperor shall act in all important matters only on the advice of the

Cabinet;

（三）天皇は、一切の重要事項につき、内閣の助言に基づいてのみ行動するものとする

（4）The Emperor shall be deprived of all military authority such as provided in Articles XI, XII, XIII, and XIV of Chapter of the Constitutions;

（四）天皇は、憲法第一章中の第十一条、第十二条、第十三条および第十四条に規定されているような軍事に関する一切の権能を剥奪される

（5）The Cabinet shall advise and assist the Emperor;

（五）内閣は、天皇に助言を与えかつ天皇を補佐する　（傍線筆者）

("Reform of the Japanese Governmental System" Approved by SWNCC, January 7,1946 Department of State Publication 5138)

ここで確認すべき点は、ＳＷＮＣＣ２２８文書は、内閣の役割について、天皇を補佐し、助言を与えることとし、天皇も「一切の重要事項」については、内閣からの助言と補佐に

基づいて行動すること、としているものの、内閣の「承認consent」という一語は存在していないことである。

ところが、同文書に「承認」という言葉がなかったにもかかわらず、プールは草案第四条に、

「天皇のすべての国事行為および全発言は、内閣の助言と承認のもとになされなければならない」（傍線筆者）

と勝手に書き加えてしまったのである。これにより、天皇のすべての発言が内閣の承認を得なければならない、と日本国憲法に定められてしまうことになったのである――。

これからすれば、例えば、天皇陛下がＮＨＫのテレビ報道を通して国民に語り掛けた、いわゆる「生前退位」行為を、どのように判断すべきであろうか。その答えはプール草稿第四条にあり、それは現行の日本国憲法第三条と第七条になっているのである。

実は、プールは、その日から二十六年後、ＳＷＮＣＣ２２８文書に記されてもいなかった「承認」という重い一語をなぜ勝手に書き加えたのかと質問されている。これに対して、彼は、次のように答えていた。

「記憶にありません」(Richard A. Poole Interview　28. 4. 1972　Harry S. Truman

Library)

金縛りにあわされた天皇

プールは天皇条項草案第五条を、天皇の一切の任務に対して、権威や権力を持たせないようにしようとするための配慮から、列挙形式にしていた。ところが、運営委員長ケーディスは、そこまで配慮された同草案でもまだ、

「天皇の主導権が認められている」

と指摘したという。天皇条項起草を審議する運営委員会に立ち会っていた唯一の速記者エラーマン嬢の記録である。プールは、天皇の任務を、英国王を参考ケースに列挙していた。ところが、ケーディスは、

「仮に天皇がこれらを行う際に失敗した場合は、どうするか、事態に対処する規定がないぞ」と異議を唱え、

「天皇の象徴としての特質だけを強調すればよいのだ」

と言ったという。

運営委員たちは、プール草案第五条の「天皇は裁判所の判決および国会が裁判所として

開廷し下した判決を確証する」にも反対した。これでは、すべての判決が天皇から確証を得なければならなくなり、裁判所の独立が侵害されてしまう、というのだった。

この結果、プールの草案第五条「天皇の職務は……」で始まる部分は削除され、そこに「天皇は、内閣の助言と承認により、国民のために、次の国事に関する行為を行う」が追加され、次のようになった。

「国会で制定されたすべての法律、政令、憲法改正およびすべての条約と国際協定に公印を捺し、公布すること。

規定条項に従い、通常国会を召集すること。

規定条項に従い、内閣に要請された際、特別国会を召集すること。

規定条項に従い、内閣に要請された際、国会を解散し、総選挙の施行を公布すること。

国会の開会および閉会を挙行すること。

規定条項に従い、国会における多数党党首を内閣総理大臣に任命し、多数党が存在しないときは、多数を占める政党の国会議員を内閣総理大臣に任命し、辞表を受理すること」

前述したように、プールは同草案の中で、国務大臣、大使、官吏の任命、委嘱、辞任、解任の際は、天皇がこれらを「確証する（confirm）」、としていた。しかし、運営委員が「確証」では天皇に権力を与えることになるからと、これを儀礼的な意味合いの「attest（接受する）」に入れ替え、同案を次のようにした。

Attest the appointment or commission and resignation or dismissal of other Minister of State, Ambassadors and those other State officials whose appointment or commission and resignation or dismissal may by law be confirmed in this manner;

「国務大臣、大使および法律の定める他の官吏の任命、委嘱、辞任、解任を接受する」

同様に、次の、

「内閣または国会で承認された恩赦と執行猶予を確証する」

も削除され、

Attest grants of amnesty, pardons, commutation of punishment, reprieves, and rehabilitation;

「恩赦、刑執行の免除、刑罰の減刑、執行猶予および名誉回復の許可を接受する」と書き換えられた。

このような作業が、プールと運営委員会の間で、その内容が天皇や宮内省には知らされないまま、秘密裡《ひみつり》に進められていった。

プール草案の第五条は、さらに

「(天皇は) 法律、内閣、または国会に定められた他の儀礼任務を行う」

と書かれていた。運営委員会は、「法律、内閣、国会に定められた他の儀礼任務」を削除し、

Perform appropriate ceremonial functions.

「(天皇は) 適切な儀礼行事を行うこと」と書き換えた。エラーマン嬢によれば、新たに採用された「適切な」とは、裁判、法律、内閣、国会の運営について、「国民の目線」に重点が移されたためだという。(Ellerman Notebook C. Hussey Papers)

一銭一文の金でも国会の承認を

プールは天皇条項草案第六条を、

「天皇は、内閣の助言と承認に基づき、自ら任命する内大臣二名、公務を助ける国璽管理官一名と皇室管理・経費を助ける侍従長一名に補佐される。皇室は、国会の定める皇室典範に従い管理される。皇室費は毎年の国家予算に計上される」

と書いていた。

しかし、ケーディスは、「運営委員に四名も宮内官がいることに不満を示し、これでは単に事務に関わる宮内官吏が権威づけられ、彼らを養うための憲法になってしまう」

と反対した。すると、

「天皇下の官吏増員は反対だ」

とラウエルとハッシーもこれに続いたという。(6 Feb.1946, Ellerman Minutes Rowell Papers)

その結果、プール作成の第六条草案は削除され、そこに次のような一文が書き加えられた。

No grants of money or other property shall be made to the Throne and no expenditures shall be made by the Throne unless authorized by the Diet.

「国会の許可なしに、皇位に金銭または他の財産を授与してはならず、皇位によるいかなる支出もされてはならない」

エラーマン嬢は、ケーディスが、民政局の起草した憲法を第一主義とする立場を強調し、例えば、天皇が一銭一文《いっせんいちもん》の金を受け取るような場合でも、国会の承認が必要だと強調したと述べている。そして、この憲法に従わない法律は無効であり、どの国内法も、それが憲法条項に準じていないなら、法的強制力は発動されない、と強調したという。すると、運営委員のラウエル、ハッシーらも、

「天皇は即位の際には、（略）憲法支持を表明する義務を負う」

と続けた。そして彼らは、天皇条項の運営委員会を締めくくる際に、天皇の皇位継承が行われるような場合、さらに天皇が成人になるときも、ＧＨＱ民政局が起草した「日本国憲法」への支持を宣誓させ、公務員にも、日本国憲法順守の宣誓義務化について話し合ったという。

二月六日、天皇条項小委員会と運営委員会との間で行われた調整会議は、半日で終了した。すると、直ちに同日午後から天皇条項最終案の清書作業が始められた。

その後、運営委員三名は、以下の調整会議を行い、日本国憲法草案の起草作業は終了した。

二月七日（木）　立法小委員会、財政小委員会、行政小委員会、司法小委員会と調整会議
二月八日（金）　行政小委員会、人権小委員会と調整会議
二月九日（土）　人権小委員会と調整会議
二月十一日（月）　地方行政小委員会と調整会議

ところで、これまで述べたような異常ともいえる慌ただしい状況下、二月四日に民政局員が一室に結集させられ、日本国憲法を起草するようになったのはなぜだったのか――。

その理由は当時、幣原《しではら》喜重郎首相から憲法草案作成を任されていた松本国務相が、委員長となって日本国憲法政府案の甲案と乙案を作っていたが、そのうちの乙案に近い草案が、二月一日の『毎日新聞』にスクープ報道され、これを民政局が読んだところ、大日本帝国

憲法と変わらなかったため、民政局が動き出してしまったのである。

POLADに協力した日本人

国務省日本代表部POLADの方も、日本側に国務省の考えに沿った憲法を作成させる任務を負っていた。そこで、ジョン・エマーソンが米国憲法に詳しい東京帝大法学部の高《たか》木八尺《ぎやさか》を訪れていた。高木は英語に堪能で、プロテスタント教徒でもあったため、お互い意気投合した。その後、高木は、近衛元総理がマッカーサーと会見する際にも同席し、

「アチソンが（略）二、三の外交部の適任者（その一人はエマーソン）と一緒に、近衛さんを中心に（略）会合をいたしました」（『高木八尺名誉教授談話録』）

と語っている。それからは、

「高木と政治顧問室（POLADのこと、筆者注）のメンバーの間ではひんぱんに会議が開かれ」（『日本のジレンマ』ジョン・K・エマーソン）

その会議の際に、

「日本の改正憲法が必ず取り入れねばならぬ原則のリスト（米国務省が作成したSWNC228文書のこと　筆者注）を近衛グループの参考のために高木教授に手渡した」

エマーソンは、極秘扱いだったSWNCC228文書の一部を高木に渡したことも明かしている。高木によれば、POLAD側には近衛を使って日本国憲法改正作業を、「早急に事を進めたいという動機があり、(略)誰か近衛さんの実質的に一番助けになる学者の協力が必要」(『高木八尺名誉教授談話録』)となったため、近衛が、京都大学時代の恩師佐々木惣一《ささきそういち》博士にその作業を依頼した。すると、これを受け佐々木が上京し、「アメリカ側の意向を斟酌《しんしゃく》されながら、改正案の構想に進まれた」(前掲書)のであった。

第二部 天皇条項担当大臣、現場から退室

松本委員会の甲案と乙案

幣原内閣は、こうした国務省日本代表部ＰＯＬＡＤと近衛の動きを神経質に眺めていた。そして、ついに松本烝治国務大臣が、憲法改正は日本国政府の仕事であると主張し、幣原総理大臣の下で松本を委員長とする「憲法問題調査委員会」、別称「松本委員会」の立ち上げが決まったのである。

日本政府の憲法改正を審議する委員会「松本委員会」（別称）には、同委員会の全員が会合する総会と、委員だけが会合する委員会、そして小委員会と呼ばれる三つの会議があった。その中で、小委員会が特に重要であった。小委員会は、総会や委員会での議論を整理し、文書化して次の委員会・総会に提出する下準備の仕事をしていたが、そこでは東京帝国大学憲法講座教授の宮沢俊義《みやざわとしよし》が中心になって動いて、法制局第一部長の入江俊郎《いりえとしお》と同第二部長（後法制局第一部長）佐藤達夫《さとうたつお》、他二名の補助役の計四名が宮沢をサポートしていた。

「松本委員会」は、憲法改正について近衛と立場を異にし、憲法改正は不要としていた。

例えば、美濃部達吉《みのべたつきち》同委員会顧問は、

「日本の憲法は簡潔であって、正しく運用すればこのまゝで民主主義政治に何ら差支えないと信じてゐますので憲法をいま改正せねばならぬとは考えてゐません」（『朝日新聞』昭和二十年十月十五日）

とはっきり答えていた。

これは美濃部だけではなく、宮沢俊義委員も、憲法改正の不要論を全国紙などで展開していた。このようなことから、松本委員会の第一回総会が十月二十七日に開かれると、美濃部達吉は「内大臣府で憲法改正問題を公式に研究することは絶対に理由が成り立たない」と、近衛の改憲作業に反対を表明し、明治憲法の改正を、「政治的に急いで行うというとなら、自分は松本委員会委員を辞職したい」と明言した。すると、宮沢俊義もこれに同意を示した。

松本委員会は、「会議の内容は、法制局長官から発表するほかは、絶対秘密とすることの申合せがなされ」、以後、七回の総会と委員会十五回が持たれた。

幣原内閣の「松本委員会」は、一九四五年末になると一段落し、憲法試案の作成に当たることになった。そして、同委員会は、日本国憲法の甲案と乙案をまとめた。

甲案の元は、松本烝治国務相が一九四六年元日から四日にかけて、同問題調査委員会の審議結果を読みながら、自分の案としてまとめたものであった。そして、松本が「こういうものを書いたから見てくれ」と小委員会に持ってきて宮沢俊義に差し出した松本の私案に、宮沢が修正を加えて「甲案」として作ったものである。

一方、乙案とは、宮沢が、松本のその甲案をさらに改良しようと自ら筆を執って書いたもので、宮沢が独断で起草した、事実上の宮沢俊義案であった。

ところで、私は国会図書館の資料を読んでいると、ミステリアスな解説に遭遇した。それは、日本国憲法「資料と解説」の、資料名「宮沢甲案・乙案１９４６年１月４日」というものである。そこには「宮沢俊義が、それまでの議論を踏まえ、大幅改正の『甲案』と小改正の『乙案』という二つの案を」作成し、「このうち『甲案』が、２月１日の『毎日新聞』にスクープされた」と解説されていたのだ。

これを読む者は、ほとんどが『毎日新聞』は、宮沢甲案をスクープ報道した、と思ってしまうだろう。

スクープ報道で漏れる

たしかに、この甲案とスクープ報道された憲法問題調査委員会試案を比べると、似ている。

『毎日新聞』の社説は「要するにこの政府試案はまだ文字通りの試案と考へたい」と記述しているが、はたして、この宮沢甲案を「政府試案」と呼べるだろうか。本来の政府案とは松本草案の甲案、乙案であり、比較すれば宮沢甲案は松本草案（乙案）の方に近い。

さらに、宮沢甲案と、スクープ報道されたものとは、全体で三十か所の違いが見られる。一か所の誤記が問題になりうることを考えれば、これを宮沢甲案と断定していいものであろうか。そして、何より疑惑の中、これを報じた西山記者のみならず、宮沢本人も黙して語らず、その真実を明かしていないのである。

一方、そのような中で問題にされるべきは、似ているか、そうでないかなどではない。この記事が政府案「松本草案（乙案）」に酷似するものであったため、GHQ民政局が草案作りに動き出したことにある。『毎日新聞』がスクープした「政府試案」と松本草案（乙案）をここに引用する。

『毎日新聞』掲載　憲法問題調査委員会試案

第一章　天皇

第一條　日本國は君主國とす
第二條　天皇は君主にして此の憲法の條規に依り統治権を行ふ
第三條　皇位は皇室典範の定むる所に依り萬世一系の皇男子孫之を継承す
第四條　天皇は其の行爲に附責に任ずることなし
第五條　現狀
第六條　天皇は帝國議會を召集し其の開會、閉會、停會及議院の解散を命ず
第七條　天皇は公共の安全を保持し又はその災厄を避くる爲の必要に依り帝國議會の議を経て法律に依るべき勅令を発す
第八條　この勅令は次の會期において帝國議會に提出すべし
若し議會に於て承諾せざるときは政府は将来に向つて其の効力を失ふことを公布すべし

第九條　天皇は法律を執行する爲に必要なる命令を発し又は発せしむ、但し命令を以て法律を変更することを禁ず
第十條　天皇は行政各部の管制及官吏の俸給を定め及官吏を任免す但し此の憲法又は他の法律に特例を掲げたるものは各々其の條項に依る
第十一條　削除
第十二條
第十三條　天皇は諸般の條約を締結す、但し法律を以て定むるを要する事項に関る條約及國に重大なる義務を負はしむる條約は帝國議會の協賛を経るを要す天皇は條約の公布及執行を命ず、條約は公布に依り法律の効力を有す
第十四條　削除
第十五條　天皇は栄典を授與す
第十六條　現狀
第十七條　現狀

松本草案（乙案）は以下である。

憲法改正要綱（松本草案）（乙案）

第一条
（A案）（略）
（B案）第一条日本国ハ君主国（略）トス
（略）
（C案）第一条日本国ハ万世一系ノ天皇之ニ君臨ス
第〇条　天皇ハ此ノ憲法ノ条規ニ依リ統治権ヲ行フ
第二条　現状
第三条
（A案）（略）
（B案）天皇ハ統治権ヲ行フニ付責ニ任スルコトナシ
（第二項）天皇ノ一身ハ侵スヘカラス
第五条　現状（改正案で追記　筆者注）
第六条　（略）

第七条　天皇ハ国会ヲ召集シ其ノ開会閉会及停会ヲ命ス（略）
第八条　天皇ハ公共ノ安全ヲ保持シ又ハ其ノ災厄ヲ避クル為緊急ノ必要に（ママ）由り（ママ）国会閉会ノ場合ニ於テ国会常置委員会ニ諮詢シ法律ニ代ルヘキ勅令ヲ発ス
此ノ勅令ハ次ノ会期ニ於テ国会ニ提出スヘシ
若国会ニ於テ承諾セサルトキハ政府ハ将来ニ向テ其ノ効力ヲ失フコトヲ公布スヘシ
第九条　天皇ハ法律ヲ執行スル為ニ（略）必要ナル命令ヲ発シ又ハ発セシム但シ命令ヲ以テ法律ヲ変更スルコトヲ得ス
第一〇条　天皇ハ官吏ヲ任免ス
第一一条　削除
第一二条　削除
第一三条　天皇ハ諸般ノ条約ヲ締結ス
但シ此ノ憲法ニ於テ法律ヲ以テ定ムヘキモノトシタル事項ニ関ル条約又ハ国ニ重大ナル義務ヲ負ハシムル条約ノ締結ハ国会ノ協賛ヲ経ルヲ要ス

条約ハ公布ニ依リ法律ノ効力ヲ有ス
第一四条　削除
第一五条　天皇ハ栄典ヲ授与ス
第一六条　現状
第一七条　現状

松本草案を知っていたマッカーサー

右のように『毎日新聞』のものと、松本草案（乙案）は、基本的な枠組みは完全に重なっている。内容については、書き写し、入れ替え、他の関係文書との比較などを考慮すれば、報道のようなものになりうる。

そして、何よりも決定的なのは、西山記者の当時の上司であった住本利男《すみもととしお》政治部長が、スクープ報道の六年後に著した『占領秘録　上』（毎日新聞社）で、

「二月一日に、毎日新聞がいわゆる乙案を特種としてすっぱ抜いた」

と、乙案を特定して記していたことである。

また、占領史家で評論家の江藤淳氏も、宮沢が書いた松本草案（乙案）がスクープされ

たものである、と次のように明言している。

「昭和二十一年二月一日、『毎日新聞』は、突如として『憲法問題調査委員会試案』なるものを大々的に掲載した。（略）当然、この『試案』スクープは多大の反響を呼び、各方面からの批判が集中したが、実は『乙案』に近い内容を持っていたこの『試案』は『宮沢試案』以外のなにものでもなかった」

（江藤淳「〝八・一五革命説〟成立の事情」『諸君！』一九八二年五月号）

彼は、続けている。

「このスクープに宮沢教授自身が関与しているかどうか、関与しているとすればどの程度かについては、今となっては全く確かめる手だてがない。いずれにせよ、この『試案』のスクープは総司令部側をいたく刺激し、その結果『マッカーサー草案』の起草が急がれることになった」（前掲書）

私は、これを受けつつも、別の側面から見ている。

つまり、当時は完全な検閲下にあり、報道への監視は特に厳しかった。そうした中で実行されたスクープであるからには、その発表段階で、ＧＨＱはそれを知りうる立場にあったはずである。そして、GHQ民政局がこの報道に接するや、事実、それを「The Matsumoto Draft（松本草案）」と呼んでおり、本文（P49）で既述したように、天皇条項起草者であったプールその人も、「松本草案を見て」作業に当たった、と記録に残している。

それはプールだけの話ではなかった。運営委員マイロ・ラウエルも、

「我々はホイットニーがこれをマッカーサーのところに持っていく前に小さな集まりを持ったが、松本草案（the Matsumoto Draft）は完全に不十分というのが結論だった」(Interview Truman Library 5/4/1972-5/5/72)

と述べている。ラウエルがこのように言及している「松本草案」こそ、松本草案（乙案）のことであった。運営委員ラウエルは、

「マッカーサーも松本草案のことをわかっていたのですか？」

と質問をされると、

「新聞にあったなら、絶対に彼は知っていた」

と答え、さらに、

「ということは、マッカーサーは前もって松本草案について知っていたのですね」

という質問に、「Yes」と答えていたのである。（前掲書）

消えた松本草案（乙案）

それでは、もともと松本委員会で宮沢によって書かれていた「松本草案（乙案）」が、なぜ「宮沢甲案」に入れ替わったのか？

「あれは案外宮沢さんがやったね。甲乙逆にした」（「日本国憲法制定に関する談話録音6」国会図書館）

と、佐藤達夫が、明かしている。

宮沢は文書処理に非常に長けており、松本委員会での文書も彼がもっぱら作っていたという。国会図書館は法制局の天下り先になっていて、宮沢が書いた松本草案（乙案）は、法制局入江次長と佐藤第一部長の協力の下でまとめられていた。そんな彼らに共通していた話題は、松本国務相への不信と不満であった。例えば、しばらく後、佐藤は、松本にGHQ民政局まで同行を頼まれるが、松本が途中退室した中、初めて見る天皇条項の担当を命じられ、憲法草案起草のため同局に残され徹夜仕事を押し付けられていたからである。

一方、宮沢側からすれば、実際、彼が書いた松本草案（乙案）の解明が進み、同案は宮沢が作ったものだった、などと明かされてしまえば、決定的な汚点として残る。そのようなときに、『毎日新聞』にスクープされたのは「甲案」の方だ、となれば、松本草案（甲案）の原作者であった松本国務相に責任転嫁できる。

それを暗示するようなことが、松本が永眠した後に起きていた。彼の遺族から、憲法関係の資料が政治的に利用されないために、と東京大学保管松本文書として引き渡された。ところが、その後、「乙案系のものは、東京大学保管の松本文書中には見あたらない」と「乙案系」を探しにいった佐藤は明かし、「東京大学保管の松本文書に入っていない（略）その辺の事情はわからない」と、松本草案（乙案）の結末を述べていた。

ここにこそ、宮沢自らが関与した松本乙案の作成者という事実を消したかったことが読み取れよう。

肝心の鍵を握る宮沢俊義自身は、生涯口を閉ざし、『毎日新聞』西山記者も黙して語らず、謎のままである。このような事情を踏まえればこそ、私は話をそこに引き寄せて進めていくのである。

当時、日本政府の改憲動向を注視していたPOLAD代表のアチソンは、

「アチソンは日本側が作成しつつある草案の性格に危惧を抱いて」（『日本のジレンマ』）

いた、とエマーソンも述べるように、松本烝治国務相、宮沢俊義らの動きに注視していた。

その間、幣原内閣の憲法問題調査委員会である「松本委員会」は、GHQ民政局側やPOLAD側とは一切接触せず、一九四六年一月二十六日に作業を終えたのである。そして、一月二十九日の閣議で、委員長の松本国務相が改正案の審議を提案し、翌三十日に臨時閣議が開かれた。当日、その閣議に出席していた法制局第一部長入江俊郎は、次のような手記を残している。

「一月三十日（水）臨時閣議。特に憲法問題処理に関し開催。松本氏より憲法問題調査委員会の経過を述べ、立案進行の状況を報告した」（『憲法改正経過手記　昭和二十一年一月ヨリ五月迄』）

ところが、その二日後のことだった。二月一日付『毎日新聞』が、憲法問題調査委員会の試案とするスクープ記事を一面報道したのである。

松本委員会の作業は厳重な秘密が守られる中で行われていたため、「どこから漏れたのだろうということで、大騒ぎになりました」。（前掲書）

入江俊郎法制局第一部長は、「大騒ぎ」になった閣議の様子を右の手記に具体的に書いていた。

「二月一日（金）

閣議では、憲法改正草案が毎日（『毎日新聞』のこと　筆者注）に抜かれた件につき松本国務相から報告があった。この抜かれた案は（略）調査委員の某（宮沢俊義であったがこれは名を云はなかった）の試案であり、某の弟が同新聞記者なるため、善意か悪意か判らぬが抜かれたのであらうと説明された。（本件は余等も非常に迷惑を感じ、法制局側より出たものでないことをよく調査の上明かにした）」（前掲書　傍線筆者）

「毎日のスクープを知って宮沢先生は非常にあわてられました」

と、小委員会で彼の部下だった佐藤功補助員も、『ジュリスト』臨時増刊六三四号のP141で述べている。宮沢が書いた松本草案（乙案）の一部が、二月二日にGHQ民政局の手に渡り、同局は憲法起草を決断したのである。スクープ報道の実の作者といわれた宮沢からすれば、不安と罪悪感でいっぱいで当然だったはずである。

さらなる日本政府案の要請

ホイットニーは、民政局内で日本国憲法の起草作業が進められていた最中に、日本政府に別の憲法草案を提出するよう要請した。

そのとき、民政局内では秘密裡に草案起草作業が継続しており、運営委員であったマイロ・ラウエルも、

「それ（新たな日本政府案　筆者注）が二月八日に仮に届いたとしても、私が知る限りそれを読めるような時間は誰にもなかった」

と回想録で明かしている。

一方、要請された側の松本国務大臣としては、甲案より少し民主的な乙案が民政局に否定されたとなると、それ以外の草案など短時間で用意できるはずもなかった。それでも、民政局から要請があったため、松本は、

「どうしても早く出さなければならぬというので、二月八日に、こちらの案といっても要綱（略）を司令部側に使いでやりました」（『松本烝治氏に聞く』）

松本は甲案の方を「憲法改正要綱」と書き直し、二月七日に内奏《ないそう》の上、英訳版も完成させ翌八日に提出した。

松本作成の「憲法改正要綱」は、第一章天皇、第二章臣民権利義務、第三章帝国議会、第四章国務大臣及び枢密顧問、第五章司法、第六章会計、第七章補則から成っていた。その後、松本国務相は、二月十二日火曜日十時四十分、御文庫《おぶんこ》にて、天皇に改めて説明を行

った。(『側近日誌』木下道雄)

一方、これを受け取った民政局は、同要綱がポツダム宣言十項に違反しているか否か、三十四点の評価(『日本国憲法制定の過程(1)』高柳賢三他編)をしながら、十一章九十二条からなる日本国憲法草案(民政局草案)を完成させた。そして松本案の評価と共に民政局草案がマッカーサー元帥に提出されたのだった。

ホイットニーは、一九四六(昭和二十一)年二月十二日付のマッカーサー最高司令官宛書面で次のように記していた。

「日本国憲法草案の正本第一号および第二号をお送りいたしますので、御手元のファイルに保存して下さい。正本第一号には、この文書の原案を閣下の御検討を仰ぐべく提出いたしました際の説明書が添付されています」

ホイットニーはさらにマッカーサーに、日本政府閣僚との面会について述べ、「会見は、明朝十時、外務大臣官邸において行われることが決まりました」と伝えた。

外相官邸での強談判

翌二月十三日午前十時、ホイットニーと民政局の部下三名が、四四年製フォードで定刻通り麻布《あざぶ》市兵衛町《いちべえちょう》の外務大臣官邸に乗りつけた場面を、ホイットニーは唯一つ書き残した自著で、こう述べている。

「われわれは英語をゆっくりとはっきりしゃべるが、それでわかるだろうかと主人側にただしたところ、わかるとの返事であったので、誤解の可能性を少なくするため、通訳なしで会議をすることを申し入れた」（『日本におけるマッカーサー』）

松本国務相とはこの日が初顔合わせだった。GHQ司令部に出入りしていた白洲《しらす》次郎が、吉田茂外相と長谷川元吉《はせがわもとよし》通訳官を紹介すると、松本は、二月八日に提出していた日本国憲法改正要綱への回答がもらえるものと思って、

「では、八日に私どもが提出いたしました憲法改正要綱につきまして……」

と口火を切った。

「ところがまず頭から、こういう案が自分の方にはあるのだといって先方の案を提供された」（『松本烝治氏に聞く』）

松本は、自分が提出した案は否定された、とすぐに悟った。するとホイットニーの脇にいたハッシーが鞄から書類の束を取り出し、テーブルに積み始めた。その書類には、6から20までの通し番号が振られていて、それらを置くと、ハッシーは受領証にサインを求めた。

その日からわずか四年後、松本は、それからのことを次のように語っている。
「ホイットニー少将は（略）きわめて厳格なる態度をもって宣言して曰く——立って、えらい威張った顔をしてやり出したのです」（前掲書）
ホイットニーは松本に向かい、
「一、日本政府により提示せられたる憲法改正案は、司令部にとりては承認すべからざるものである、アンナクセプタブルだ。
二、当方の提案は司令部にも、米本国にも、また連合国極東委員会にも、いずれにも承認せらるべきものである。アクセプトされるべきものである。
三、マッカーサー元帥はかねてより天皇の保持につき深甚の考慮をめぐらしつつありたるが、日本政府がこの（GHQ側の）提案のごとき憲法改正を提示することは、右の目標達成のために必要なり」（前掲書）

天皇の身柄は保障できない

このように捲《まく》し立てた後、ホイットニーは以上の三点を日本側が受け入れなければ、

「天皇の身体《しんたい》（このときの言葉をよく覚えておりますが）、パーソン・オブ・ザ・エムペラーの保障をなすことあたわず」（前掲書）

つまり、天皇の身柄《みがら》は保障できない、そう宣言した。

ホイットニーの発言に、松本は息を呑《の》みこみ、吉田の顔を窺うとその表情は暗く変わっていた。

吉田茂外相は、後に綴っている。

「ホイットニー局長は、日本側の改正案は到底これを受け容れることができないことを述べるとともに、総司令部で作った草案を何部か差し出して、それに基づいた日本案を至急起草してもらいたいといい、（略）マッカーサー元帥は、かねてから天皇の地位について深い考慮をめぐらしているが、この草案に基づく憲法改正を行うことがその目的にかなう所以《ゆえん》であり、しからざる限り天皇の一身の保障をすることはできない（と述べた）」（「憲法資料」総八−2上下　憲法調査会）

一方、英語を完璧に理解する白洲は、椅子《いす》から飛び上がらんばかりにしていた。というのは、ホイットニーが持参した民政局憲法草案を、そのまま日本語に翻訳して日本国憲法草案にせよ、と命令したからである。（*Occupation of Japan Project* Colonel Charles L.

Kades Columbia University)

ホイットニーから、民政局が作成した憲法草案を日本語に訳して日本国憲法草案にするのだ、そう伝達されたものの、先方と白洲の英語によるやりとりの内容が正確につかめなかった松本は、ホイットニーの提案については、即答できないため、

「十分熟慮し、かつ、はかるべきところにはかったのち意見を述べる旨を申し入れた」

(『憲法制定の経過に関する小委員会報告書』)。

二月十三日の会談を終えると、松本と吉田は通し番号が振られた極秘文書を持って報告するため幣原首相のところに向かった。

一方、民政局草案を松本らに手渡してからの帰路、「日本側の反応が、予測以上だったので、ホイットニーは車内で歓喜の声をあげていた」、ラウエルは回想録でそう明かしている。とはいえ、彼らにはまだ不安があった。そこで、GHQ司令部に帰ると、

「マック側(GHQ司令部　筆者注)からあのDraft(民政局草案のこと　筆者注)のことについてはアチソンにはいうなという強い命令を楢橋《ならはし》(渡、元法制局長官、内閣書

記官長 筆者注）」（『憲法改正経過手記』入江俊郎）に伝達し、「これが外にもれるなら軍法会議にまわす」（前掲書）と付け加えた。この日のことについて、当のホイットニーも、「あの日は背水の陣だったんだ。国務省も極東委員会も、それぞれ別の日本統治案を持っていた。（略）連中には日本を任せることはできなかった」

そう死の一カ月前に、ワシントンの自宅で語っていた。

ただし、天皇条項については、国務省から民政局に送り込まれていたリチャード・プールが、国務省極東局の筋書き通りに草案を書いていた。

追い詰められた松本国務相

「二月十四日（木）晴暖六、〇〇 〇、三〇 いい気持で起きる。歩いて出勤。今日はあたたかい。入浴。（略）十一時より零時半まで幣原首相拝謁《はいえつ》、御文庫に御供して行く」（『入江《いりえ》相政《すけまさ》日記』第二巻）

松本の三番目の憲法改正要綱が完全に拒絶され、民政局が作成した草案を日本国憲法にせよ、と宣告された報告を受けると、幣原首相は腰を抜かさんばかりに驚き、とにかく、その内容を把握するべく、吉田から渡された英文の民政局草案を読むことにした。そして、一晩かけて読み終えた翌十四日、幣原は皇居に向かった。天皇に拝謁し、民政局の憲法草案について報告するためだ。以後、幣原の天皇拝謁は、十六回に及ぶことになる。昭和天皇は民政局草案に懸念を持った。皇室財産の取り扱いについて心配されていて、皇室典範改正の発議権も天皇に留保されるよう望まれていた。また華族廃止については、堂上華族《どうじょうかぞく》（公家出身の華族）を除外して存続させることを希望されていた。

民政局草案、漏洩は軍法会議の対象に

幣原首相は、ホイットニー民政局長から突き付けられた、「日本国憲法草案」について、吉田外相、松本国務相、楢橋元法制局長官と白洲以外は、二月十九日の閣議まで公言しないよう伝えた。

しかし、ホイットニーに民政局草案を押し付けられた五人は、GHQ司令部がなぜそのような草案を持ってきたのか、把握できなかった。そこで、真意を探るため、憲法問題調査委員会の楢橋幹事長は、ケーディスとハッシーを大磯《おおいそ》の滄浪閣《そうろうかく》に招待した。

ケーディスは、伊藤博文《いとうひろぶみ》公の別邸《べってい》滄浪閣にやってくると、開口一番、民政局草案につい

てのいかなる情報も外部に漏らしたら、軍法会議にかける、と通告した。そして、ケーディスは楢橋に向かって、

「日本を民主化し、世界の超国家主義の非難を一掃するために、憲法から天皇を抹殺することができないでしょうか」「ソ連をはじめフィリピンその他反日国家群は、そうしなければ承知しない情勢になっているので……」（『楢橋渡伝』「楢橋渡伝」編纂委員会編）

と、「天皇抹殺」という言葉を用いて、彼の思惑を述べたという。そして彼は、後に楢橋を公職追放該当者にしている。

滄浪閣に招かれたケーディスは、

「松本は、それでも性懲りもなく、ホイットニーに、『憲法改正案説明補充』を同封した二月十八日付の手紙を送付した」（『日本国憲法制定におけるアメリカの役割』）

と記している。

松本の手紙を受け取ったホイットニーは、逆に幣原内閣が四十八時間以内、つまり、二月二十日までに民政局草案を受諾しない場合、マッカーサーはこれを日本国民に発表すると伝達してきた。

ここに至って、松本はもうＧＨＱ民政局草案の存在を公表しないわけにはいかなくなっ

てしまった。これを明かすことは〝事件〟そのものだった。しかし、二月十九日午前十時十五分に開かれた定例閣議の場でそれが起きる。松本はその閣議で、

「はじめて顛末《てんまつ》と先方案の大旨とを説明して、その結果総理大臣がマッカーサー司令官と会見し、先方の最終の意思を確めた上去就を決すべき」（『松本烝治氏に聞く』）

と述べたのである。

幣原首相、マッカーサーを訪問

そして、幣原首相は二月二十一日午後、マッカーサーを訪問する。マッカーサーとの会談内容は、翌二十二日の閣議で、幣原首相から報告された。

松本は首相の報告を、次のように述べている。

「二月二十二日の閣議前に首相より会見（二十一日のマッカーサー・幣原会見のこと　筆者注）の模様を語られたるが、先方の主眼とする点は、第一章の天皇を国の象徴と定むる規定と、第二章の戦争の放棄の規定とである。何とか交譲の余地なきやとの話をもって、もししかりとすれば、事必ずしも解決の見込みなしと絶望するに及ばざる」（前掲書　傍

線筆者）

松本は「先方の主眼とする点は」、第一章と第二章であるとはっきり述べている。このうちの、第二章は、「戦争放棄」であるが、その内容はマッカーサー・ノートの中に予め書かれていたので、そのままそれが書き入れられる。ということは、マッカーサーが「主眼とする点」とは第一章「天皇条項」であり、これこそが民政局草案で最も重要視されている、と松本にはわかった。

ただし、松本は柔軟性に欠ける人物で、ここに至っても天皇条項についてまだ自分の考えに拘泥《こうでい》していた。そのため、二十二日の閣議終了後に、松本は吉田外相と白洲の三名でGHQ司令部を訪れることにした。

GHQ司令部六階にあった民政局では、ホイットニーと運営委員ケーディス、ハッシー、ラウエル、通訳、女性秘書らが応対してくれた。

ただし、結果は、ホイットニーから

「二月末までに日本側の草案が提示されるよう」（前掲書）

要求されてしまったのである。

ホイットニーから二月末という条件をつけられ、松本は残りの日を数えてみた。すると、わずか六日間しかなかった。松本は万事休した。甲案は松本が、乙案は宮沢俊義が作成したもので、憲法改正要綱は、民政局が起草中に甲案を修正して作ったものだったが、これら全部が落第点をつけられてしまったのだ。松本は、

「もうこのときには前の案では絶対にいかぬのだから先方案のように」(前掲書)

するしかないと、自らを奮い立たせ、外務省の翻訳担当者に日本語に訳させておいた民政局草案を使って草案作りを始めることにした。とはいえ、二月一日付『毎日新聞』に落第答案が報じられてしまった宮沢俊義になど頼るわけにいかず、さりとて自分一人で作業はとうていできないので、佐藤達夫法制局第一部長を呼び、作業に加えた。

突貫工事の日本案作成

佐藤は、当時、憲法問題調査委員会での甲案、乙案作りについて知っていたため、同案がその後どうなったか気になっていた。そのようなときに、松本国務相から呼び出しがあったので、出かけてみた。すると、松本が、

「こういう案が司令部の方から来ているんだ」

と言いながら民政局草案を見せ、

「向こうで非常に急いでいるから早速日本式案に作り直さなければならないのだ」

「この草案に準拠して日本案を至急作ってくれ」

「二人で手分けして、三月十一日までに司令部に持ち込めるようにしよう」

そう続けた。彼は佐藤に民政局草案と外務省が翻訳した日本文、さらに松本がペン書きした第一章と第二章のモデル案を手渡した。そして、第一回草稿打ち合わせを二月二十八日、第二回を三月五日と決めると、松本は佐藤に絶対に秘密を守るよう強く念押しした。

極秘と告げられた佐藤は、他所の関係者に相談もできなくなり、欧米の立法資料も調べられない状態になった。法制局は図書室に世界各国の法規集を所有していたが、それらは戦災で全部焼け、資料もなかった。大学教官に聞きに行くわけにもいかず、図書館を回って歩くわけにもいかず、

「その間いったいなにをしていたのか……私は非常に不満だった」(『日本国憲法制定に関する談話録音』佐藤達夫)

このように彼は独り悩みつつ、いやいやながらこの作業に参加した。しかし、現実には

松本と佐藤の二人でやるしかなかった。第一章天皇条項は松本が担当し、佐藤は第三章国民の権利および義務から始めた。

松本は、民政局草案の第一章天皇条項第一条から第七条までの外務省訳（太字部分）に準拠して次のような日本案を作成した。

松本国務相の天皇条項

第一章　皇帝

第一条　皇帝ハ国家ノ象徴ニシテ又人民ノ統一ノ象徴タルヘシ彼ハ其ノ地位ヲ人民ノ主権意思ヨリ承ケ之ヲ他ノ如何《いか》ナル源泉ヨリモ承ケス

松本は、外務省訳の「皇帝」を「天皇」に訂正すると、民政局草案の「象徴」を使いつつも「標章《ひようしよう》」という言葉も併用し、第一条を次のように書いた。

第一条　天皇ハ日本国民至高ノ総意ニ基キ日本国ノ象徴及日本国民統合ノ標章タル地位ヲ保有ス。

(天皇は、日本国民至高の総意に基き、日本国の象徴および日本国民統合の標章たる地位

を保有す）

民政局草案第二条の外務省訳は、次のようになっていた。

第二条　皇位ノ継承ハ世襲ニシテ国会ノ制定スル皇室典範ニ依ルヘシ

国務省から民政局に出向していたプールが書いた第二条、「皇位継承は国会の定める皇室典範による」とは、天皇の皇位が、現在、国民の眼前で混乱を常態化させているあの「国会の場」次第となる、ということである。そのようなことは絶対あってはならない。事態を憂慮した松本は、「国会ノ制定スル」を削除して、次のように書いた。

第二条　皇位ハ皇室典範ノ定ムル所ニ依リ世襲シテ之ヲ継承ス。
（皇位は、皇室典範の定むる所により、世襲してこれを継承す）

民政局草案第三条は、天皇の政治的権力を無力にし、操《あやつ》り人形化する目的で作られたもので、次のように細かく述べられていた。

第三条　国事ニ関スル皇帝ノ一切ノ行為ニハ内閣ノ輔弼《ほひつ》及協賛ヲ要ス而《しか》シテ内閣ハ之カ責

任ヲ負フヘシ

皇帝ハ此ノ憲法ノ規定スル国家ノ機能ヲノミ行フヘシ彼ハ政治上ノ権限ヲ有セス又之ヲ把握シ又ハ賦与《ふよ》セラルルコト無カルヘシ

皇帝ハ其ノ機能ヲ法律ノ定ムル所ニ従ヒ委任スルコトヲ得

松本は、同条の規定を国事にのみ限定するようにし、次のように作り替えた。

第三条　天皇ノ国事ニ関スル一切ノ行為ハ内閣ノ輔弼ニ依ルコトヲ要ス。内閣ハ之ニ付其ノ責ニ任ズ。

（天皇の国事に関する一切の行為は、内閣の輔弼によることを要す。内閣は、これに付その責に任ず）

第四条　国会ノ制定スル皇室典範ノ規定ニ従ヒ摂政ヲ置クトキハ皇帝ノ責務ハ摂政之ヲ皇帝ノ名ニ於テ行フヘシ而シテ此ノ憲法ニ定ムル所ノ皇帝ノ機能ニ対スル制限ハ摂政ニ対シ等シク適用セラルルヘシ

民政局草案第四条は、皇室典範が国会で制定され、その規定下に置かれた摂政の役割を書いたものである。しかし、松本は、皇室典範がそのように規定されることは容認できるはずもなく、そこで第四条を次のように書いた。

第四条　天皇ハ此ノ憲法ノ定ムル国務ニ限リ之《これ》ヲ行フ。政治ニ関スル権能ハ之ヲ有スルコトナシ。

（天皇はこの憲法の定むる国務に限りこれを行ふ。政治に関する権能はこれを有することなし）

天皇ハ法律ノ定ムル所ニ依リ其ノ権能ノ一部ヲ委任シテ行使セシムルコトヲ得。

（天皇は法律の定むる所によりその権能の一部を委任して行使せしむることを得）

松本の日本案第五条も、右の民政局草案第四条を参考に、次のように作られた。

第五条　皇室典範ノ定ムル所ニ依リ摂政ヲ置クトキハ摂政ハ天皇ノ名ニ於テ其ノ権能ヲ行フ。

（皇室典範の定むる所により摂政を置くときは、摂政は天皇の名においてその権能を行

ふ)

第五条　皇帝ハ国会ノ指名スル者ヲ総理大臣ニ任命ス

松本は、民政局草案第五条を読むと、総理大臣の任命だけが記されていたため、それに倣《なら》い、第六条として作成した。

第六条　天皇ハ国会ノ決議ヲ経テ内閣総理大臣ヲ任命ス。
(天皇は国会の決議を経て内閣総理大臣を任命す)

民政局草案第六条と第七条は次のようになっていた。

第六条　皇帝ハ内閣ノ輔弼及協賛ニ依リテノミ行動シ人民ニ代リテ国家ノ左ノ機能ヲ行フヘシ即

国会ノ制定スル一切ノ法律、一切ノ内閣命令、此ノ憲法ノ一切ノ改正並ニ一切ノ条約及国際規約ニ皇璽ヲ欽《きん》シテ之ヲ公布ス

国会ヲ召集ス

国会ヲ解散ス
総選挙ヲ命ス
国務大臣、大使及其ノ他ノ国家ノ官吏ニシテ法律ノ規定ニ依リ其ノ任命又ハ嘱託及辞職又ハ免職カ此ノ方法ニテ公証セラルヘキモノノ任命又ハ嘱託及辞職又ハ免職ヲ公証ス
大赦《たいしや》、恩赦《おんしや》、減刑、執行猶予及復権ヲ公証ス
栄誉ヲ授与ス
外国ノ大使及公使ヲ受ク
適当ナル式典ヲ執行ス

第七条　国会ノ許諾ナクシテハ皇位ニ金銭又ハ其ノ他ノ財産ヲ授与スルコトヲ得ス又皇位ハ何等ノ支出ヲ為スコトヲ得ス

民政局草案第六条は、天皇の任務に権威や権力を持たせないようにするための配慮から、その任務を列挙する形式で作られていた。一方、民政局草案第七条は、皇室経済法であるが、松本はこれらにはある程度譲歩し、日本案の第七条、第八条として次のように作成した。

第七条　天皇ハ内閣ノ輔弼ニ依リ国民ノ為ニ左ノ国務ヲ行フ。
（天皇は内閣の輔弼により、国民のために左の国務を行ふ）
一　憲法改正、法律、閣令及条約ノ公布
二　国会ノ召集
三　衆議院ノ解散
四　衆議院議員ノ総選挙ヲ行フベキ旨ノ命令
五　国務大臣、大使及法律ノ定ムル所ニ依ル其ノ他ノ官吏ノ任免
六　大赦、特赦、減刑、刑ノ執行ノ停止及復権
七　栄典ノ授与
八　外国ノ大使及公使ノ引接
九　式典ノ挙行

第八条　皇室ニ対シ又ハ皇室ヨリスル財産ノ授受及収支ハ国会ノ承諾ナクシテ之ヲ為スコトヲ得ズ。

（皇室に対し、または皇室によりする財産の授受および収支は、国会の承諾なくしてこれをなすことを得ず）

以下、松本は日本案の第二章、第四章、第五章も担当し、佐藤は第三章「国民の権利及び義務」を担当した。

ところが、その間に民政局から速やかにせよと催促を受けたため、松本は、佐藤の上司入江俊郎も作成メンバーに加え、第六章、第七章、第八章、第九章を担当させた。入江も東京帝大法科大学卒ではあったが、十分に対応ができなかったとして次のように述べている。

「私どもは、はなはだ無力であり、非学で（略）英米法のことは私自身にとっても非常に苦手で、（略）識者に相談するひまがなかったのであります」（『日本国憲法成立の経緯』入江俊郎　憲法研究会参考資料16）

日本案作成の締め切りは三月十一日とされていた。「司令部側から（略）早く日本側の案を示すようにということを言って来る」（前掲書）ので、松本は三月十一日までに提示すると返答した。

すると、民政局は、さらに急いで案を示すようにと伝えてきた。とにかく三人は作業を急ぎ、第一章から第九章までの全百九条を、三月二日に脱稿した。あとは、これを英訳するだけとなった。ところが民政局は、

「どうせ英文に翻訳することができないだろうから（略）できたものをそのまま持ってこい」（「憲法資料」総四－21上下　憲法調査会）

そう伝達してきたため、松本は三月四日に「日本案」を民政局に持参せざるを得なくなった。

第三章を担当した法制局第一部長佐藤は、GHQ司令部への訪問は事前に伝えられていなかった。そのため、三月四日は普段通り、ぼろ洋服を着て泥だらけのゴム長靴を履いて家を出てきた。

しかし、当日の朝、総理官邸の玄関口で松本国務相とすれ違うと、「一緒に来てくれ」と言われてしまった。佐藤は、「幾ら敗戦国民でもちゃんとした服装でいきたい」という気持ちがあったので、松本に「行ってもお役に立ちません」としり込みした。それでも国務大臣の松本から「是非手伝ってくれ」とまで言われたため、

「心は進まなかったけれども、しぶしぶついていきました」（前掲書）

松本側の応答に激怒したケーディス

佐藤は、その日初めてGHQ司令部を訪問した。松本国務大臣の後について六階にあった民政局に入ると、六〇二号室に通された。すると、そこには終戦連絡中央事務局の白洲次長、外務省の通訳嘱託長谷川、小幡薫良《おばたしげよし》ら三名が来ていた。松本としては、日本案を閣議に提出し正式に承認を得て、GHQ司令部へ持ってくるつもりであった。そこで松本は到着すると、「まずホイットニー将軍に面会、当方案がいまだ閣議を経て決定せざる試案なるものを説明してこれを交付」した。(『松本烝治氏に聞く』)

松本が日本案をホイットニーに提出すると、彼は「ただちに我が二人の各翻訳官に対し、先方二人ずつの翻訳者を付し、章別に手分けをして翻訳を始めた」(前掲書)

日本側二人と民政局側翻訳官の、

「翻訳ができてくると、一刻も早く見たいという気持か、ケーディスはできたものを片っぱしから見始めた」(佐藤達夫　「憲法資料」総四‐21上下　憲法調査会)

ところが、それを読むとケーディスは白洲を別室に呼び、

「われわれの第一条では、天皇は国及び国民統合の象徴であることは、国民の主権意思に基くほか、他のいかなる源泉にも基かないと書いてあったのに、お前の方は『他のいかなる源泉にも基かない』を削ってある」

「われわれは第二条皇室典範について、国会の制定した皇室典範と書いてあるのに、これを削ってあるがどういうわけか」（傍線筆者）

と言い、こんなことでは翻訳を打ち切るほかないと松本大臣に伝えよ、と命じたのだ。

白洲が松本に伝えると、松本は、

「第一条に国民の総意に基くと書いてあるから、他の源泉に基くものでないことは当然である」そして、「余計なことまでだらだら書くのは日本国憲法の条文には向かないからとったのだ」と言い、第二条から「国会の制定した」を削ったことについては、「説明書に書いてあるので、それを全部見た上で意見を述べてもらいたい」「ちょっと見ただけで何とかかんとかぐずぐず言うのなら、（略）翻訳作業を打ち切っても一向にさしつかえありません」（「憲法資料」総二十八-21 憲法調査会）

こう返答した。これを聞かされると、ケーディスはかんかんに怒った。松本が言及した説明書は、他の翻訳官が英訳作業に当たっていた。

ケーディスは、初めて会ったばかりの佐藤の腕をつかんで、別室のトランスレーターズ・プール（翻訳室）に連れて行った。そこでは二世通訳が日本文の意味を追っている最中だった。佐藤がその日本文を見せてもらうと、松本の「説明書」であった。しかし、文語調で書かれていたため二世の翻訳官には対応できない。その結果、佐藤は「説明書」の翻訳を手伝わされ、その作業で昼すぎまで時間が取られてしまった。その間も、松本とケーディスの激論は続いていた。リチャード・プールが起草した民政局草案天皇条項では、天皇のすべての行為には内閣の助言と承認を要すと、「承認」を特筆していたが、松本の日本案は内閣の「輔弼」（輔佐・助言という意味）になっていた。それでは「承認」が欠けているではないか、とケーディスが指摘し、激論になった。

「これはひとつ帰ろう」

ケーディスは激していくと手が震えたので、触れたテーブルも震えた。これに対して、松本も、ブロークンな英語で「一体、あなたは日本に日本語を直しに来たのか」と言い返したので、ケーディスはさらに激怒した。そのとき、松本は考えた。

「これは駄目だ、ケーディスは非常に神経質になって興奮してしまう。向うが興奮するとこちらも興奮するから、こんなことで議論をしておってはかえっていけない。これは議論を後日に譲った方がいいから、この翻訳ができた後にゆっくりやった方がいい。一条ごとに議論をしておったのでは終いには撲《なぐ》り合いくらいやらないとも限らないから、これはひとつ帰ろうというので、私は用事があると言って帰ったのです」（「憲法資料」総三－19～20　憲法調査会）

別室で「説明書」を英語に翻訳する手伝いをさせられていた佐藤は、肝心な「日本案」の英訳が気になっていた。そこで昼食後に、六〇二号室へ戻り、日本案の英訳がどうなっているか聞いてみた。すると、英訳作業は終わって司令部に渡されたという。

佐藤は愕然とした。日本側は彼らの持参した日本案がどのように英訳されたのか、それを知る機会を失ってしまったのだ。

松本が提出した「説明書」の英訳がまだ途中だった。そのため、佐藤はそのまま翻訳作業を手伝った。そして、その作業も、午後四時頃に仕上がったため、六〇二号室に戻った。すると、松本の姿は消えていた。

松本国務大臣がGHQ司令部から帰ってしまったことについて、ホイットニー民政局長は自著に次のように記している。

「会議が半時間ほど続いた後、日本側の最年長者松本博士は中座して、帰宅した。そこで草案の条項は意見の一致が見られるたびに、松本博士のもとへ特別の使者に託してその写しが送られ、博士の承認を求めた。松本博士はその全部を直ちに承認した」（『日本におけるマッカーサー』）

実際は正反対だった。松本は、三月四日に六〇二号室から去った後、マッカーサー憲法と彼が呼んでいた民政局草案を見ることはなかった。「マッカーサー憲法の内容には絶対反対で、それを読み返すことも不愉快」（小委　十一－37上下）だったからだ。

うろたえた法制官僚

一方、佐藤の方も、昼食後に「日本案」の翻訳について確認すると、「すべて英訳作業を終えた」と知らされたために、愕然とする。しかし、それも嘘であった。そもそも、佐藤が依頼された「説明書」の翻訳でさえ午前中では未完であった。これに比べて百九条もの量的に多く、文語体で書かれた日本案を、午前中に英訳し終えることは不可能な話である。

佐藤には、それが大きな謎となっていった。しかし、その謎がその日から十年ほど経って氷解する。松本と佐藤の作った新たな日本案は外務省関係者の手によって松本と佐藤が民政局を訪問する前にケーディスに届けられ、翻訳されていたのであった。

ＧＨＱ六階の民政局に一人残されてしまった佐藤は、役所にいれば帰宅する時刻を迎えていた。ところが、彼は「そのときに司令部の方から突然、今晩中にファイナル・ドラフト（最終草案のこと　筆者注）を作る」（「憲法資料」総四－23上　憲法調査会）と宣言されたのだ。

白洲、通訳官の長谷川、小幡らは残っていたが、佐藤だけが憲法担当者だった。彼は、その瞬間「非常に心細くて、（略）確定案を私のような小者《こもの》で決めてしまうということになるのは大変なことだと思って、非常にうろたえた」（前掲書）という。

このままでは、民政局に初めてやってきたその日に、たった一人で、日本国憲法草案の作成をさせられる羽目になってしまう。そこで佐藤は、あわてて松本国務相にその報告を試みた。ところが松本は、総理官邸から出た後だったため、松本と連絡を取り合っていた岩倉則夫《いわくらのりお》書記官が、起草作業に戻るよう田園調布《でんえんちょうふ》の松本宅まで行かされた。迎えに行くと、松本は、「御機嫌悪く『行けぬ』」(「日本国憲法制定に関する岩倉則夫談話録音」昭和三十年五月二十日)、「病気だと言ってくれ」と言うので、岩倉が今度はこれを伝えに民政局に向かった。

民政局は、これを求めていた

こうして民政局側との日本国憲法制定の審議は、一法制官であった佐藤に全面的に任されることになった。すると、白洲終連次長が佐藤のところにやってきて、こう耳打ちした。「松本さんの持ってきた草案は、マッカーサー草案とかなり内容が違っているといって、非常に不満の意を述べている……」

当日、日本案の翻訳を担当していたジョセフ・ゴードン自身が、その日から十五年後に回想録で明かしている。

「松本たちには、民政局が作成した起草案が与えられており、彼らは受け取ったその起草案を日本語に翻訳し、そのまま日本国憲法草案にするよう想定されていたのです」

(*Reminiscences of Joseph Gordon* Columbia University)

白洲は、ケンブリッジ大学出身で、ゴードン翻訳官や、ホイットニー民政局長の秘書ルース・エラーマン嬢から英語の完璧さを評価されていた。その白洲が佐藤に、

「司令部案通りのものを日本文として提出せよ」

そう注意をしたのだった。そのような頃、夜八時過ぎ、岩倉書記官が民政局にやってきて、松本から佐藤への「よろしくやっといてくれ」との伝言を伝えた。

佐藤は、英語はわからない上、『六法全書』や辞書も持参していなかった。夜九時頃から民政局側と作業に入ると、彼は、

「一寸《ちよつと》小幡さん、あなたのを貸してくれというようなことで（略）見せて貰いながら始めた。すると前文について、白洲が変更は許可されないと佐藤に伝えた。そこで（略）慘憺《さんたん》たる条件」（『日本国憲法成立史』佐藤達夫）

佐藤は、外務省が日本語に訳した民政局草案の前文をそのまま付記した。問題は第一章天皇条項からである。同条項は松本の担当だった。そのため、佐藤は天皇条項を見たことさえなかった。その天皇条項から逐条《ちくじょう》審議が始められたのだ。

見たこともない「天皇条項」を担当

第一章天皇条項第一条の日本案を、松本は次のように書いていた。

「天皇ハ日本国民至高ノ総意ニ基キ日本国ノ象徴及日本国民統合ノ標章タル地位ヲ保有ス」

（天皇は、日本国民至高の総意に基き、日本国の象徴および日本国民統合の標章たる地位を保有す）

すぐに「保有ス」が問題になった。英訳ではメインテイン（maintain 保有、維持する）となる。しかし、これでは従来の天皇がそのまま維持され、天皇の地位を根本的に変える趣旨に合わない、そう言われた。これに対し、佐藤は説明をしたものの、全く応じてくれず、「地位ヲ保有ス」を削除せよと命じられた。そのため、佐藤は言われるがまま削除した。その結果、第一条は、

「天皇ハ日本国民至高ノ総意ニ基キ日本国ノ象徴及日本国民統合ノ標章タルヘシ」

（天皇は、日本国民至高の総意に基き、日本国の象徴および日本国民統合の標章たるべし）

に決定された。

松本が書いた天皇条項第二条

「皇位ハ皇室典範ノ定ムル所ニ依リ世襲シテ之ヲ継承ス」

（皇位は、皇室典範の定むる所により、世襲してこれを継承す）

は民政局草案第二条を参考にして書かれてはいた。ところが、松本は同草案の、「皇位の継承は、（略）国会の制定する皇室典範による」（傍線筆者）にあった傍線部分の、「国会の制定する」を書き入れなかった。

国務大臣である松本からすれば、民政局草案の「国会の制定する」を無視するのは当然であった。皇室典範は、法律ではなく、憲法からも独立した根本法だったからである。これは佐藤の法制局の同僚も、「憲法と皇室典範は相並ぶ法体系の二頂極」（『総理官邸』井《い》手《で》成三《せいぞう》）であると明記していたように、佐藤も同様の認識であった。

ところが、民政局草案は、皇室典範は国会で制定されたものでなければならない、と規定していた。これでは皇位の継承のみならず、天皇制度の廃止さえ国会の場を使って、決定できてしまう。だから松本は説明書を付けていたのだった。ところが民政局側は、同局案が絶対である、と松本の弁明を受け付けない。そのため、佐藤は言われるがままに、「国会ノ議決ヲ経タル」を付け加えてしまった。その結果、同条は現行の日本国憲法第二条で次のようになったのである。

「皇位は、世襲のものであって、国会の議決した皇室典範の定めるところにより、これを継承する」

「承認」を命じたケーディス

松本が書いた天皇条項第三条、

「天皇ノ国事ニ関スル一切ノ行為ハ内閣ノ輔弼ニ依ルコトヲ要ス」

(天皇の国事に関する一切の行為は、内閣の輔弼に依ることを要す)

は、ケーディスと激論を交わしたところであった。松本は、日本案第三条を作成する際に、民政局草案第三条を参考にしていた。民政局草案第三条は、

「天皇の国事に関するすべての行為には、内閣の助言と承認が必要とされる」(傍線筆者)であった。ところが、松本は同条にあった「承認」を除去し、「助言」を「輔弼」に

変え、

「天皇ノ国事ニ関スル一切ノ行為ハ内閣ノ輔弼ニ依ルコトヲ要ス」

と書いていた。つまり、そこに「承認」が欠如していたため、ケーディスは松本に、

「このアドバイス（輔弼）とは何だ。そんな馬鹿なことじゃいかん。アドバイス位のもんじゃない。そんなら天皇などけとばしていい」（『萍憲法研究会速記録一九五三―五九』柏書房）

と憤慨したのである。これに対し、松本も、

「輔弼というのは、日本語であるのだから、日本語で我々は憲法を書くのだから、それでいいのじゃないか」（前掲書）

と応じたところ、ケーディスはついに怒り出し、机をポンポン叩き始めた。松本はそのとき、ケーディスに、

「あなたは日本語を改めに来たのか」

と言ってはみたものの、

「僕はとてもいかん。こういう具合で（略）一々議論したならばとんでもないことになるから逃げよう」（前掲書）

そう決心し、松本が佐藤を民政局に置いたまま辞去してしまったのは前述した通りである。こうして、佐藤が一人になって審議を始め日本案第三条に差しかかったときも、ケーディスはそこに「承認」を入れるよう命じてきた。佐藤も、天皇の行為を内閣が承認するのはいかにも不自然なので、「承認」だけは避けたかった。そこで、民政局にあった和英辞典と英和辞典を見てみた。すると「賛同」という語があったので、「輔弼と賛同」を提案してみた。しかし、ケーディスは、それも受け付けず、同条は民政局草案通り、次の現行憲法になったのである。

日本国憲法第三条

「天皇の国事に関するすべての行為には、内閣の助言と承認を必要とし、内閣が、その責任を負ふ」

「国務」と「政治」も認めない

日本案の天皇条項第四条、

「天皇ハ此ノ憲法ノ定ムル国務ニ限リ之ヲ行フ。政治ニ関スル権能ハ之ヲ有スルコトナシ。

天皇ハ法律ノ定ムル所ニ依リ其ノ権能ノ一部ヲ委任シテ行使セシムルコトヲ得」（傍線筆

者)

(天皇はこの憲法の定むる国務に限りこれを行ふ。政治に関する権能はこれを有することなし。天皇は法律の定むる所によりその権能の一部を委任して行使せしむることを得)は、ほとんど民政局草案第三条の通りに作成されていた。

ただし、民政局草案同条の第三項、「天皇は、法律の定めるところにより、その職務の遂行を委任することができる」には、日本案第四条の、「権能の一部」はなかった。

ケーディスはこの「一部」で天皇の職務も変わる、そう読み取ると、それを消去するよう佐藤に命じた。佐藤は「一部」を消去した。すると、ケーディスは「国務」と「政治」という言葉についても、もっと地味な言葉を使うよう指示してきた。このような言葉だと、天皇に統治権の源《みなもと》があると解されかねない。そうなると、このことから「君臨すれども統治せず」と解される手掛かりになってしまう、ケーディスはそこまで言った。

佐藤にはそのように考える感覚が理解できなかった。要するにケーディスは「政治」「国務」という文字が天皇と一緒に使われるのが面白くないのだ。天皇の権能は、あくまでも儀礼的かつ形式的な文字に改めよ、と言われたので、佐藤は、「国務」を「国事に関する」、「政治」を「国政」にすることにした。その結果、同条は次のような条項になった。

日本国憲法第四条
「天皇は、この憲法の定める国事に関する行為のみを行ひ、国政に関する権能を有しない。
天皇は、法律の定めるところにより、その国事に関する行為を委任することができる」

「国会の制定する」を入れさせられた

松本の日本案天皇条項第五条
「皇室典範ノ定ムル所ニ依リ摂政ヲ置クトキハ摂政ハ天皇ノ名ニ於テ其ノ権能ヲ行フ」
（皇室典範の定むる所により摂政を置くときは、摂政は天皇の名においてその権能を行ふ）

は、民政局草案第四条、
「国会の制定する皇室典範の定めるところに従って摂政が置かれたときは、天皇の任務は、摂政が天皇の名において行う」（傍線筆者）
を参考にして作っていた。そこには民政局草案の傍線部分が明記されていなかったため、「国会の制定する」を入れるよう命じられた。そして、「権能」を「国事に関する行為」に変えるよう命じられたため、佐藤は言われるがまま直した。その結果、次のような天皇条項になった。
日本国憲法第五条
「皇室典範の定めるところにより摂政を置くときは、摂政は、天皇の名でその国事に関する行為を行ふ」

松本は、天皇条項第六条を以下のように書いた。

「天皇ハ国会ノ決議ヲ経テ内閣総理大臣ヲ任命ス」

（天皇は国会の決議を経て内閣総理大臣を任命す）

社会党の要望を受け入れたケーディス

彼は、民政局草案の第五条、

「皇帝ハ国会ノ指名スル者ヲ総理大臣ニ任命ス（外務省訳）」（天皇は、国会により指名された者を、内閣総理大臣に任命する）を読むと、総理大臣の任命のみが記されていたため、それに倣い、そのままを書いていた。ところが、ケーディスは日本案の「決議ヲ経テ」とある部分に、「国会の指名に基いて」を入れさせた。また、社会党から司法権力を高めるよう要望が出ていた最高裁長官の任命も付加させた。ケーディスは、天皇の権威を利用して、司法権の強化ができるなら好都合だと考えたのだ。その結果、同案は、次のような日本国憲法第六条となった。

日本国憲法第六条
「天皇は、国会の指名に基いて、内閣総理大臣を任命する。天皇は、内閣の指名に基いて、最高裁判所の長たる裁判官を任命する」（傍線筆者）

松本は、天皇条項第七条を、次のように書いた。
「天皇ハ内閣ノ輔弼ニ依リ国民ノ為ニ左ノ国務ヲ行フ」
（天皇は内閣の輔弼により、国民のために左の国務を行う）
彼は、民政局草案第六条
Acting only on the advice and with the consent of the Cabinet, the Emperor, on behalf of the people, shall perform the following state functions.
「皇帝ハ内閣ノ輔弼及協賛ニ依リテノミ行動シ人民ニ代リテ国家ノ左ノ機能ヲ行フヘシ」

（外務省訳）
（皇帝は、内閣の輔弼および協賛によりてのみ行動し、人民にかわりて国家の左の機能を行ふへし）

を参考に、そのように書いたのである。
ケーディスは、日本案第七条には民政局草案の「Acting only（のみ行動し）」が入っていなかったので、
「only（のみ）をなぜ落とした」
と指摘してきた。同条を作成した松本国務大臣はすでにそのときは姿を消していた。そこで佐藤は日本案第七条を読んでから
「only（のみ）がなくても法律的に違いはない」
そう答えた。ところが、ケーディスはそれも全く聞き入れようとしなかった。（『佐藤達夫文書』506/u105）
それればかりか、民政局草案の「国民にかわり」を日本案では「国民のために」と変えている、とさらに細かいところまで指摘してきたのだった。佐藤は、ここまでケーディスが示す「天皇の職務限定へのこだわりは異常」（前掲書）に感じられ、それほどまで天皇の

職務を封じ込めたい、その意図とは、「天皇のロボット化」である、と確信したのだった。

そして、天皇条項について彼らがこのような細部まで指摘できた背景には、外務省の内通者が日本案を前もって彼らに渡して研究させていた、裏切り行為に原因があった、と述べている。

一切の皇室財産は国（国会）の管理下に

松本は、天皇が行う国務として、日本案第七条に次のように書いていた。

一　憲法改正、法律、閣令及条約ノ公布
二　国会ノ召集
三　国会ノ解散
四　衆議院議員ノ総選挙ヲ行フベキ旨ノ命令
五　国務大臣、大使及法律ノ定ムル所ニ依ル其ノ他ノ官吏ノ任免
六　大赦、特赦、減刑、刑ノ執行ノ停止及復権
七　栄典ノ授与

八　外国ノ大使及公使ノ引接
九　式典ノ挙行

松本は、同案を書く際、民政局草案第六条、第五号と第六号に疑問を持った。

「国務大臣、大使及其ノ他ノ国家ノ官吏ニシテ法律ノ規定ニ依リ其ノ任命又ハ嘱託及辞職又ハ免職カ此ノ方法ニテ公証セラルヘキモノノ任命又ハ嘱託及辞職又ハ免職ヲ公証ス
大赦、恩赦、減刑、執行猶予及復権ヲ公証ス」（傍線筆者）

右同草案同条のように、それぞれに「公証ス」とあるのを見て、公証人のやるようなことを天皇の権限にするのはおかしいと考えた。そこで、松本は民政局草案第六条第五号、同六号の「公証」を落とし、「任免」にしていた。ところが、ケーディスはこれにも目をつけ、日本案に「認証」を充てさせた。その結果、天皇条項第七条第五号、第六号は次のような日本国憲法になった。

「五　国務大臣及び法律の定めるその他の官吏の任免並びに全権委任状及び大使及び公使

の信任状を認証すること

六　大赦、特赦、減刑、刑の執行の免除及び復権を認証すること」（傍線筆者）

天皇の国事の中に外交がない

さて、世界どの国でも君主あるところに外交がある。日本も、天皇の国務に外交が入っていて当然である。ところが、外務省の内通者が民政局に日本案を渡す前にそれを見たところ、天皇の国事の中に、外交が書き入れられていなかった。外交が憲法に明記されていないような日本案を渡し、これが通ってしまえば、外務省の立場がなくなってしまう。このことを恐れた彼らは、情報提供先の民政局に、天皇の国事行為の中に外交も入れて欲しいと要請した。ところが、民政局側が、そのようなことをすれば情報の出所が明かされてしまうため、その要請は保留にされてしまった。困ってしまった外務省は、今度は法制局長官に泣きつき、やっと次のようにしてもらった。

日本国憲法第七条

「八　批准書及び法律の定めるその他の外交文書を認証すること」

松本は、天皇条項第八条、

「皇室ニ対シ又ハ皇室ヨリスル財産ノ授受及収支ハ国会ノ承諾ナクシテ之ヲ為スコトヲ得ズ」

（皇室に対し、または皇室よりする財産の授受および収支は、国会の承諾なくしてこれをなすことを得ず）

も、

民政局草案第七条

「皇室に対し金銭その他の財産を与え、または皇室が支出を行うことは、国会の議決がない限りできない」

と同じ内容に作成していた。民政局草案は、国民が天皇に贈りものをするような場合、それがどのようなものであってもすべて国会での議決を経なければならない、となっていた。

佐藤はこれを読んで、皇室外から皇室に行う贈与は禁止されても、皇室から皇室外への贈りものは許してもらえないか、と交渉してみた。ところが、それもケーディスから「いかなる贈りものも国会の議決なしに皇室からはなされない」と拒否されてしまった。その結果、外部から皇室への献上物や贈与のみならず、皇室側からの一切の贈りものについても国会の議決を経なければならない、とする天皇条項第八条
「皇室に財産を譲り渡し、又は皇室が、財産を譲り受け、若しくは賜与《しよ》することは、国会の議決に基かなければならない」
が作られたのである。

日本案の審議は、第一章のみ

松本烝治国務相が作成した日本案「第一章天皇」は、起草者である松本本人が欠席する中、法制官僚佐藤達夫が民政局側と単独で対応させられていたが、彼は天皇条項を、その日に民政局で初めて見たのだった。もともと彼は「第三章国民の権利及び義務」の方を担当させられていたからである。そのような中、第三章に入ったとき、佐藤はさらなる予想外の命令をケーディスから突き付けられる。日本案はやめて、民政局草案のみを審議に使おう、そうケーディスは告げたのだ。第四章、第五章、第六章を起草した民政局側はその内容を把握していたが、佐藤はそれらを読んでもいなかった。その後は審議時間のみが過ぎていった。

「かくして、一睡もせずに議論の相手をつとめて来たが、この章に入るころ、法制局から、井手・宮内の両参事官が応援に来てくれた」(『日本国憲法成立史』第二巻)

佐藤はそう述べている。佐藤が言及している「この章」とは、「第七章会計」で、現行憲法「第七章財政」のことである。そこでは、皇室の経費が審議された。

民政局草案の同章は、フランク・リゾーという人物の担当だった。イタリア系のリゾーは、ニューヨークのウォール街で金融投資家、エコノミストとして働いた経験の持ち主で、ホイットニー民政局長の経済財政顧問だったため、財政章の担当になっていた。マッカーサーは、皇室の予算制度は「英国型とする」としていた。

しかし、リゾーは英国型の皇室予算制度というものを知らなかったため、SWNCC228文書の中にあった「一切の皇室収入は、国庫に納入され、皇室費は毎年の予算の中で、国会の承認を経なければならない」を、コピーして書き入れ、皇室財産について次のような条項第八十二条を作った。

「すべての皇室財産は、世襲のものを除き、国に属する。一切の皇室財産からの収入は、国庫に納入され、法律の定める皇室の手当および費用は、毎年の予算の中で、国会の承認を経なければならない」(傍線筆者)

ところが日本案は、皇室財産のすべての収支が国庫に帰属とはしていなかった。すると、ケーディスはこれを見て、民政局案が入っていないのは遺憾《いかん》であるとし、「これはきわめて重要な規定であるから、絶対にこれを活かせ」（『日本国憲法に関する談話録音』佐藤達夫）と命じた。

それだけではない、「一切の皇室財産からの収入」、例えば世襲財産から入る収入も国庫に入れるよう命じたので、これには佐藤も反論をしたかった。しかし、そのことで天皇条項、皇室経済法に問題が及ぶのを恐れ、「余り立ち入らない方が良いというあれで、あまりこれは喋りませんでした」（前掲書）

法制官佐藤がケーディスから命じられたままに作成した条文は、次のような現行憲法になっている。

日本国憲法第八十八条

「すべての皇室財産は、国に属する。すべての皇室の費用は、予算に計上して国会の議決を経なければならない」

同条により、皇室の私的財産から生ずる収入は、勤労所得も含めた私経済まで、予算に計上して、国会で審議されなければならなくなったのである。

内閣法制局百年史に書かれた汚点

三月四日午前十時に、松本国務相と初めて民政局へやってきた佐藤は、予期せぬことに、その後はそこに留め置かれ、日本案の逐条審議を命じられ、翌朝まで作業を続けさせられた。そうした中、入江法制局次長は、作成案を受け取りに、使いの者を法制局から民政局に送ろうと考えていた。とにかく「使いの者が行って（作成案を　筆者注）もらって来る、それを法制局のわれわれのところで一応見て、条文的に整理して、それを閣議に報告する」（『日本国憲法成立の経緯』憲法研究会資料16　昭和二十九年九月）必要があった。その使いには井手成三が送られた。井手は福井県出身で、昭和四年に東京帝大法学部を卒業後、内務省に入り、昭和二十年に内閣法制局第二部長に昇進していた。終戦直後の法制局の組織は、昭和二十年九月六日からそれまで四部制だった組織が三部制になり、第一部長に佐藤達夫、第二部長に井手成三が就任していた。

「五日朝、私（当時法制局第二部長）が、法制局に出勤すると、すぐ入江次長（その後長官、最高裁判事）からお話があり、早速、G・H・Qへかけつけると、佐藤部長が孤軍奮闘している、横文字を縦に直す作業をしているといった方が当たっていたかも知れない。

私は入江次長に連絡して、英語に練達な宮内参事官の応援を求めた」（『内閣法制局百年史』内閣法制局百年史編集委員会）

民政局に駆けつけた井手は、佐藤の置かれていた状況に驚いた。

「日本に進駐していただけで、日本の国情についての真底からの認識を持たず、（略）日本の法制に通暁《つうぎょう》せず、特に立法技術について素人といってよい連中が」、憲法の番人たる佐藤法制局第一部長に、「とても我慢のできなき種本」である横文字で書かれた民政局草案を縦に直し、日本国憲法にしてしまう作業を強いていたからである。

立法職人の井手には、憲法が法規世界のオールマイティであることは自明の理であった。ところが、彼の目の前で、戦勝者意識の民政局員たちが佐藤の周りを取り囲み、英文の原稿をわずか一夜二日で日本語化させようとしていたのであった。

井手は、マッカーサー司令部が、日本に民主主義を植え付けるという善意を装いつつ、半永久的に日本を再び脅威たらしめない骨組みを、憲法という形に作っている現場に遭遇したのだ。

マッカーサーの手法を借りた入江次長

佐藤と民政局員たちが「審議」して作った草案は、井手から法制局にいた入江に届けられ、宮内乾参事官が大急ぎで顕著な間違いを直すと、閣議に配られることになった。三月五日は、閣議が午前十時に総理官邸で開かれた。まず、各種の雑件を審議し、それが終わると憲法審議に入った。その間、入江次長は内閣書記官長室で成文化する作業を行い、案ができると、謄写して閣僚に配布した。

GHQ司令部は、この案を日本政府案として発表せよと要求してきていた。一昨日、民政局から退室した松本国務相は、これに対して、

「日本政府案など一日や二日でできるわけのものではない」

「アメリカ側がこれを発表するなら、勝手に発表させておいてよい」

と激昂して言った。

ところが、

「日本側としては、知らぬ顔もできない」

と他の閣僚が不安げに言うと、石黒《いしぐろ》武重法制局長官と入江同次長は、

「不満足でもあることは重々わかるが、これを日本側の自主的の案として先方と同時に発

表するという態度に出るほかあるまい」(『憲法成立の経緯と憲法上の諸問題』入江俊郎論集)

と口をそろえて発議した。

しかし、幣原首相は、「(前文では)国民が憲法を決めるということになるが、それは帝国憲法の上では認められない」と不安の面持ちで発言した。

すると入江法制局次長が、

「それではこの案(三月五日の民政局草案)を総理より内奏して御嘉納《ごかのう》を乞い、勅語を仰いで、かかる案を改正案とすることについて天皇の御意思を決定していただき、その御意思に基いて内閣がこの改正案を要綱として発表すればよいのではありませぬか」(前掲書)

と提案した。

マッカーサーは、天皇の神性を借りて日本の変革を行っていた。入江も同様な手法を使って、法制局が関与した民政局草案を日本国憲法に替える提案をした。

かくて、午後四時頃、閣議で内奏することが決定した。入江は石黒法制局長官と勅語案を練ることにした。入江が鉛筆で走り書きすると、これを石黒法制局長官が口頭で閣議に諮《はか》り、字句を閣僚に修正させて、内閣書記官の手元で勅語案を整えてから、幣原首相と松本国務大臣が参内し、その間は閣議を休憩にした。

「究極の口実」で勅語を得る

幣原首相は、前日四日にも参内して天皇に拝謁していた。三月二日に脱稿した日本案の説明のためで、同案はその日、三月四日に、民政局に提出することになっていた。そこで、幣原は内奏し、

「この三月二日に脱稿した日本案で司令部側と交渉しようと思います」

と天皇に申し上げていた。

幣原の内奏については、木下道雄《きのしたみちお》侍従次長も日誌に記していた。

「三月四日（月）曇半晴

（略）三時、首相拝謁。

右は枢密院《すうみついん》に諮詢《しじゆん》せらるべき、官吏《かんり》制度改正案の御説明、及び松本国相の憲法試案の提出なり」（『側近日誌』）

天皇は、日本案「第一章天皇」を第一条から読むと、特に第八条に不審を抱き、幣原に「確かめよ」と命じた。命じられた幣原は、指摘されたところは改める余地は十分にあり

ます、と天皇に御安心を伝えて御文庫（吹上御所《ふきあげごしょ》）を後にしていた。
そして、前日に続く三月五日の参内である。幣原首相と松本国務相に応待した木下道雄侍従次長は、『側近日誌』に
「三月五日（火）半晴
夕刻、幣原首相、松本国相、拝謁。（略）勅語案を持参す」
と記している。わずか一日で状況が全く変わってしまっていた。
木下も日誌に続けていた。
「事重大なため、直ちに大臣、次官の登庁を求め、（略）事の詳細を聴く」

このように書いていた。木下道雄は、明治四十五年七月東京帝大法科大学を卒業後、内務省に入省。内閣書記官、宮内省宮内書記官、大臣官房秘書課長、帝室《ていしつ》会計審査局長官を歴任、昭和二十年十月、侍従次長（皇后宮大夫《こうごうぐうのだいぶ》兼任）を務めていたときに、侍従長藤田尚徳《ふじたひさのり》が追放令に遭ったため、木下が天皇の傍にいたのである。そんな木下に、幣原は、こう切り出した。
「右は憲法改正の事ながら、かくも急なるは、先日出た読売の記事、これは東久邇宮《ひがしくにのみや》が外

人記者に談《かた》られた御退位の問題に関すること」(『側近日誌』木下道雄)

幣原は、前日、松本の日本案をGHQ司令部に提出するに当たり、天皇から同案第八条について確認を求められると、

「本案は松本個人の案にして、松本と協議するも、(略)これを改むる余地を充分残しあり」(前掲書)

と説明をし、天皇を安心させて内奏を終えていた。ところが、その日本案を、当日四日に民政局に提出したところ、松本はケーディスと口論となり、佐藤を残したままGHQ司令部を退出するという最悪の事態になっていた。

そして、残された法制官僚佐藤が一人で民政局草案を日本国憲法に移す作業を、夜を徹して行い、翌五日朝に完了した。今、政府はこのようにして出来上がった草案を、日本製であると日本国民に思い込ませなければならなかった。

マッカーサーは、新憲法は松本委員会の中の自由な憲法を作りたい一派が書いたものであり、「自分(マッカーサーのこと　筆者注)は日本側に助言と支援をするよう命じただけだ」「幣原首相は改正案の最後の仕上げにあたって、活発で精力的に動いた」と『マッ

カーサー回想録』で述べている。しかし、事実は、マッカーサーが命じて作らせた秘匿草案を通すため、幣原は、天皇に嘘をついて勅語を求めていたのである。

天皇から勅語案をもらうため、幣原は究極の口実を作り出した。

「読売の記事」とは、幣原と松本が参内する一週間前、『読売報知』（二月二十七日付）に東久邇宮が語った報道のことである。同記事は、東久邇宮が、

「天皇には御退位の意ある事、皇族挙《こぞ》ってこれに賛成する」

と述べたと報じ、この天皇退位発言に木下侍従次長は深く憂慮していた。

幣原が参内したのはそのような状況下であった。そこで幣原は、GHQ司令部が「天皇制反対の世界の空気を防止」するため、天皇を守る対応策を考えており、その策が、民主的な憲法改正の決定だと報告したのだ。そして、彼は、GHQ司令部はそのような民主的な憲法草案を用意したが、そのためには、「勅語なくしてはどうしても出せぬという訳で勅語を願った」（前掲書）と説いたのである。

幣原は、木下に、「勅語の事は、普通ならば内閣で案を作って上奏するのが原則なれど」と続け、とにかく一刻も、「急ぐ故、今夕拝謁の席でお許しを願って勅語を（いただきたい　筆者注）」と申し出た。

木下は日誌に、「右説明後両相辞去」と記していた。

こうして、幣原首相、松本国務大臣は宮中から帰ると、閣僚たちに次のように内奏の報告を行った。

「陛下は実によく事態を認識せられておられ、この改正案につき御異議ない旨を仰せられました」

「勅語もその際下賜されました」（『憲法成立の経緯と憲法上の諸問題』入江俊郎論集）

いずれも虚偽説明であった。一方、木下侍従次長は、幣原と松本が提出した日本国憲法草案を検討するため、早速天皇に拝謁した。

「大臣、次官と十時まで憲法案を検討、この間大臣と予《よ》とお召しで御文庫に行き拝謁。東久邇宮の軽挙につき、大臣より色々申し上ぐる所あり」（『側近日誌』木下道雄）

木下が日誌で言及している大臣とは、松平慶民《まつだいらよしたみ》宮内相である。前任の石渡荘太郎《いしわたそうたろう》宮内相は一月十六日にGHQ追放令で辞任していた。松平新宮内相は、幣原が行った東久邇宮報告をそのまま信じ込んでいた様子が思い浮かぶ。幣原が作った口実は、宮中に混乱をもたらしていた。

閣議の方は九時頃に閉会した。閣議後は、石黒長官、入江次長、このときには民政局から帰ってきた佐藤第一部長、井手第二部長、宮内参事官等が案をまとめ、成文化が済むと鉄筆でガリ版を起こし、徹夜で謄写作業を行った。そして、六日朝、東の空が白みかけた頃、作業を終え、午前に開かれる閣議に向け準備をした。

強い不安を抱いた侍従次長

六日は朝九時から臨時閣議が開かれ、法制局がガリ版刷りした日本国憲法改正草案要綱を閣僚に配布し、逐条審査が始められ前文から検討することになった。ところが、十時には地久節の参賀があり閣僚たちは一斉参内に向かった。

松本国務相は不安でならなかったため、

「二、三日休ませてもらう。新聞記者に攻められたらどうもやり切れぬ」

そう宣言して仮病を決め込むことにした。

これを耳にした芦田均《あしだひとし》厚相は、

「私なら昨日頃辞表を叩きつけたろう」

とその気持ちを述べ、「国家財政は破綻の前宵《ぜんしょう》にある。（略）国民は無自覚であって戦争

に負けた事さへも考へないでゐる」(『芦田均日記』第一巻)

と続けている。しかし、国民以上に無自覚だったのは、閣僚たちの方であった。民政局草案という偽りの憲法を通すために、首相も国務相も天皇に嘘の口実を作っていたからである。

参内後、午後一時半に閣議が再開され、

「午後四時、一応の検討を終った」(前掲書)

三月六日午後五時、幣原内閣は勅語と憲法改正草案要綱を発表した。すると、GHQ司令部も要綱を英文で発表し、マッカーサーも、

「余は日本の天皇ならびに政府によって作られた新しくかつ開明された憲法が日本国民に余の全面的承認の下に提示されたことに深い満足をもつものである」(『朝日新聞』一九四六年三月七日)

という声明を発した。

日本国憲法改正草案要綱はこうして発表された。しかし、これを宮内省次長室で読んでいた木下は、強い不安を抱いていた。木下は『側近日誌』にそれを素直に記している。

「要綱八十四条に疑問の点を発見し、次官、主管を招き、又内閣より岩倉書記官来り、ともに研究す」

宮内大臣も知らされないうちに起草され、突然発表された条項に、事情がわからない木下は、宮内次官と主管を集めた。一方、この様子を目撃していた部下の入江相政も「次長の部屋では次官、加藤主管、岩倉内閣書記官、鶴首《かくしゆ》して新憲法を議してゐる」(『入江相政日記』第二巻)

と三月六日の日記に綴っていた。

説明を拒否した法制官僚

宮内次官は大金益次郎で、彼は、内閣からやってきた岩倉書記官に次のような事項の質問をした。

要綱第八十四条と第八条の皇室典範について、その性質は何か、誰が発案者か、宮内官の憲法上の性質はどうなるか、平等の原則により「およそ人は」と平等にしているが、皇室についてはは特別な扱いがされるか——。次官の質問は三十数項目に及び、岩倉書記官はこれらをノートに書きつけた。

岩倉は、家族を疎開させ総理公舎で単身生活をしながら、憲法問題調査委員会の書記役をしていた。委員長の松本国務相とはいつも連絡を取り合っていたため、三月四日、民政局から帰ってしまった松本を、田園調布の松本宅まで迎えに行かされ、その後、憲法草案を総理官邸に届けに、民政局と総理官邸を何度も往復した。しかし岩倉は、自分は日本国憲法改正草案要綱の現場担当者ではなく、これに関与していたのは法制局第一部長佐藤達夫の方だと木下侍従次長に伝えた。そこで、木下は、佐藤に連絡を入れた。ところが、佐藤は、天皇条項について質問されることを恐れ、二日間の徹夜作業を口実に断ってきた。あくまで真相を求めていた木下は、「面白からぬ」、そう『側近日誌』に綴っている。

「法制局佐藤第一部長の説明を求めんとするも、何分同人は二日徹夜したる由なれば、これを止め、他日に譲る。

夜お召し。御文庫に至り十時二十分迄拝謁。今夕の結果を申し上ぐると共に、此の度の改正は文章上より見れば頗《すこぶ》る面白からぬ」

「猿回しの猿」を自認した幣原首相

わずか二日間徹夜作業したという理由で、説明を拒否した佐藤に木下は面白くなかったはずである。一九四六年三月六日という時点である。外地のジャングル、荒野を、何日も眠らないで逃避行中の日本兵はまだ多くいた。中国大陸では中国共産党八路軍《パールー》の捕虜にされ、使役されつつ、徹夜で何日も歩かされていた日本人婦女子も多くあった。これに対して、外務省や法制局の中で戦争に行った者は一人もいなかった。

『朝日新聞』は、三月七日の朝刊で、「憲法改正政府草案成る」「天皇は国家の象徴――国民至高の総意に基く」と、GHQ民政局作成の日本国憲法改正草案要綱を一面で報じていた。

幣原首相も次のような談話を発表していた。

「畏《おそ》れ多くも天皇陛下におかれましては、昨日内閣に對し勅語を賜りました。わが國民をして世界人類の理想に向ひ同一歩調に進ましむるため、非常なる御決断を以て、現行憲法に根本的改正を加え以て民主的平和國家建設の基礎を定めんと明示せられたのであります。

（略）

私は全國民諸君が、至仁至慈《しじんしじ》なる聖旨《せいし》と國家社會の康寧《こうねい》とにこたへ、この大典の制定に萬全をつくされんことを希《ねが》ふものであります。ここに、政府は聯合國總司令部との緊密なる連絡の下に憲法改正草案の要綱を發表する次第であります」

木下は、要綱八条、八十四条、十四条について、どうしても納得できなかった。

佐藤が逃げるなら幣原首相に問おうと決めた。七日は幣原の参内予定の日だった。ところが、参内してきた幣原は、木下の問いに、それらの内容についてはわからない、そう答えた。それでは、首相として本人もわからないような改正要綱をなぜ承認し、どうして勅語をもって発表したのか――。木下のさらなる問いに対し幣原は、

「右事情は発表を一日も早くする為マッカーサーの方より、細かいことは後で良いから早く出せとの事なりし事なり」（『側近日誌』木下道雄）

と答えたという。つまり、このようになったのは、マッカーサーが皇位安寧《あんねい》を守るために発表を一日も早くするよう命じたからだ、猿回しはマッカーサーで、自分は猿にすぎない、幣原首相はそう責任転嫁したのである。

影の起草者

国の基本法たる憲法が、なぜGHQ民政局で作られる事態になってしまったのか？

ここでもう一度経緯を振り返ってみよう。その発端は、幣原首相政権下の憲法問題調査

委員会である松本委員会で作られた乙案そのものにあった。松本国務相が日本政府の憲法問題調査委員会委員長になり、日本国憲法改正案の作成を主導していた。松本委員会と呼ばれた憲法問題調査委員会は、総会、委員会、小委員会から構成されてはいた。しかし、そこで核となっていたのは、宮沢俊義、入江俊郎、佐藤達夫、補助役の四人からなる小委員会で、「小委員会というのは、これはまさに宮沢先生が中心になられた」（『ジュリスト』臨時増刊六三四号一九七七年三月二十六日）会であった。

その松本委員会で最初にまとめられた日本国憲法改正案が、松本草案（甲案）であった。この甲案は国務大臣の松本が昭和二十一年一月初めに鎌倉の別荘でまとめたもので、これを小委員会に持ってきて宮沢に差し出し、「こういうものを書いたから見てくれ」（前掲書）と言われた宮沢が、字句を修正し、甲案になったのである。ところが、この後、小委員会で、松本の甲案で大丈夫だろうか、甲案は「保守的すぎる、甲案の改正案も用意しようではないか」（前掲書）ということになり、宮沢が松本草案（乙案）を作ったのである。

当時、小委員会の補助役としてその場にいた佐藤功《さとういさお》は、

「この乙案は、実際上、宮沢先生が作成された案であった」（前掲書）

と明言している。

つまり「乙案」の作成者は、宮沢俊義その人だった。このような重大な事実があったからこそ、二月一日に『毎日新聞』が日本政府試案として「乙案」をスクープ報道したとき、宮沢は誰よりもこれを心配していたという。そして、

「そのとき宮沢先生は非常にあわてられ、（略）松本委員会には自分は名前だけ載せているだけで、松本草案にはご自身は関係しない」（前掲書P141　傍線筆者）

などと、真っ赤な嘘を周りの者に語っていたのだ。

その宮沢が書いた松本草案（乙案）が、『毎日新聞』にスクープ報道され、これがPOLADで英訳され、その英訳がPOLADのロバート・フィアリーからGHQ民政局員サイラス・ピークの手に渡り、民政局幹部が検討した結果、その内容が保守的な上、天皇の地位についても変更が加えられていなかったために、民政局が草案起草に乗り出したのである。

第三部　一参事官の双肩に懸かった皇室典範

手渡された真相はこうだ

一九四六年二月十三日、ホイットニーはケーディスらと民政局草案を持参して吉田外相邸に姿を現すと、松本国務相に、日本案は受け入れられない、と宣言した。それは、同案の直接関与者であった宮沢俊義の否定であり、宮沢が民政局から完全なる落第点を与えられたことを意味する。

このような状況を作っておいて、否、宮沢さえ想像を絶するような状況になってきたからか、彼は憲法学者としてあるまじき、行動に出る。

民政局草案が手交されたその日、二月十三日の時点で、同案のことを知っていたのは幣原首相、吉田外相、松本国務相、白洲、それに長谷川通訳の計五名のはずであった。

民政局草案は、縦三十三センチほど、横二十センチほどの縦長洋紙二十一枚を綴《と》じたものので、その表紙の右下隅には番号が打たれていた。同草案は、ホイットニー局長から局員に「最高機密扱いとする」よう伝達されていた極秘文書で、そのうちの1号から5号は民政局側に保管されたが、6号は吉田外相、7号は松本国務相、8号は長谷川通訳官、9号から20号は閣僚用として白洲連絡官に渡された。二月十三日中に、吉田外相は6号を幣原首相に手渡したため長谷川から8号を譲り受け、さらに松本国務相には9号も渡された。ところが、二月二十六日に、松本は民政局草案に沿って日本案を作成することになったため、この9号を佐藤達夫に手渡して、起草作業への参加を命じたのである。すると、二月十三日にホイットニーから渡されていた草案7号はどこにいっていたのか。

松本には、もともとは7号が手渡されていたのである。ならば、その7号を佐藤に渡せばよかったはずである。にもかかわらず、なぜ9号が渡されたのか?

これを不思議に思っていた佐藤は、その日から二十五年後（昭和四十六年）、

「私の手もとにあるマ草案（民政局草案のこと　筆者注）のコピーに9の番号がうってあることから思いついて、他のコピーの番号も調べてみる気になった」（「マ草案の番号」『ジュリスト』一九七一年二月十五日）

佐藤は、民政局草案の番号調べを始めてみた。すると、彼は、

「松本大臣用のものだが、これについては、ちょっとしたハプニングがあった」

そう記している。

松本が、二月十三日に民政局から渡された草案は、そのときには東大占領体制研究会に保管されていた。そこで、佐藤は、「宮沢俊義教授にその番号調べをお願いしたい」と伝えた。

すると、宮沢から電話で、松本の民政局草案には番号がついていない、という返事が入った。

「まさかということで」、佐藤は現物を確認するべく東京大学に向かった。すると、宮沢は

「これこのとおり」（前掲書）

と言いながら現物を見せたのである。佐藤がそれを手にすると、なるほど、表紙のどこにも番号は見当たらない……。しかし、よく見ると、それは実物を複写したものであることがわかった。そこで、佐藤は、宮沢に向かい、

「もう一押し、現物の確認を申し入れた」

すると、別室の金庫が開けられ、松本が昭和二十一年二月十三日に、民政局から手渡された草案と対面できた。ところが、これを手に取ってみたところ、宮沢の言う通り、表紙の右下隅に番号が見当たらない、佐藤は、少しうろたえた。

「しかし、すぐ気がついた」

「かんじんの番号がある一隅が、小さく折れこんでいる」

そこで、彼はその折れこんだ一隅を開けてみた。すると、

「そこに隠れていたのは7の数字だった」（前掲書）

つまり、二十五年前の二月十三日、ホイットニーが松本に手渡した民政局草案7号はその日のうちに、宮沢俊義が手にしていたのである。その証拠として、宮沢の子息もこう述べている。

「現行憲法の草案がGHQから示されたとき、父は（略）英文を（略）翻訳させられた」

（『ジュリスト』一九七七年五月三日）

「現行憲法の草案」とは、その扱いが「マック側」から軍法会議の制裁対象にされていた民政局草案のことで、「GHQから示されたとき」とは、同案が手交された二月十三日のことであり、子息によれば、宮沢はその英文の民政局草案を翻訳する作業に従事させられてから、「やや興奮ぎみに（略）家に戻ってきた」という。そして、このように民政局草案7号を宮沢に渡したために、自分用の草案がなくなってしまった松本は、9号草案を追

加入手し、それを佐藤に渡していたのだ。宮沢にしてみれば、松本に渡されたはずの民政局草案7号が、どうして宮沢の手もとにあったのか、その日に佐藤からそう問われなかったことで救われたはずである。

なぜなら、民政局草案を手にした二月十三日こそ、宮沢が松本国務相を裏切る日になったからである。

周章狼狽教授、天皇退位論者に接触

松本国務相の右腕として憲法問題調査委員会で活躍していた宮沢俊義は、この民政局草案を「マッカアサア草案」と呼び、二月十三日に、

「ホイットニイは總司令部によって起草された憲法草案を日本政府の代表者たちに渡して、(略)松本委員の會の提案【松本國務大臣の起草した憲法草案——松本草案——を指す】は全然承認できない」(『マッカアサア憲法草案解説』國家學會雑誌第六十八巻第一・第二号)と伝えたと記し、次のような解説をしている。

一　日本政府がマッカアサア憲法草案を受け取るや、直ちに外務省でその日本語訳が作ら

れた。
二　二月十九日の閣議で、初めて松本国務大臣から二月十三日の事件が報告されたが、マッカアサア草案の原文も、日本語訳も、配布されなかった。
三　二月二十五日の閣議で、初めて外務省が仮訳した第一章と第二章だけが配布され、松本国務大臣から説明があった。
四　二月二十六日の閣議になって、マッカアサア草案の日本語全訳が閣僚に配布され、説明された。しかしながら、この配布草案は閣議終了の後、全閣僚から返却させて、外部に漏れるのを防いだ。

宮沢は、右の雑誌で二月十三日にホイットニーから渡された民政局草案（マッカーサー草案）は、

「ただちに外務省でその日本語訳が作られた」

と述べている。しかし、これは誤りである。民政局草案（マッカーサー草案）の翻訳が外務省で始められたのは、二月十九日になってからである。

宮沢は、さらに二月二十六日の閣議で、同草案の日本語全訳が閣僚に配布されたが、閣

議後に、「全閣僚から（民政局草案を）返却させて、外部に漏れるのを防いだ」と記している。ところが、二月十三日に「マッカーサー草案（民政局草案）」を見せられた宮沢は、それが持ち出し禁止の最高機密扱いになっていることを承知の上で、南原繁《なんばらしげる》のところに持って行ったのである。

南原は東京帝国大学法学部長で、日本の敗戦が近くなると、天皇を退位させる終戦工作を教授仲間と画策していた。相談相手は高木八尺で、二人は構想を練りながら仲間を増やした。そして、いよいよ終戦になると、南原は高松宮《たかまつのみや》に接近し、天皇退位を進言していた。

高松宮は日記に、年も押しつまった一九四五年十二月二十五日に、その進言者が、「御退位問題等ノ探リナラン」（『高松宮日記』第八巻）

ために来訪したと記している。

南原は、高松宮邸を頻繁に訪れていた。『高松宮日記』を見ると、一九四五年十二月十六日、以降、十二月二十三日、三十日、一九四六年一月六日、十三日、二十日、二十七日、二月三日、と続いている。宮沢が民政局草案を南原繁のところに届けたときには、南原工作はかなり進んでいて、天皇退位後は高松宮を摂政とする案が浮上していた。宮沢は、そんな天皇退位論の大御所のところに駆け込んだのである。そして、二月十三日に宮沢が突然持ち込んできた極秘の民政局草案を見るや、南原はどうしたか——。

〝有名無実の憲法研究委員会〟設置

「二月十四日、当時の東京帝国大学総長南原繁は、学内に『憲法研究委員会』を設けた」（『世界』一九六二年八月号）

十四日の同委員会設立に参画した我妻栄《わがつまさかえ》はこのように記している。「二月十四日」とは、民政局草案がホイットニーから松本国務相、吉田外相らへ手交された翌日にあたる。つまり、宮沢と南原はわずか一日で、「憲法研究委員会」設置を決めたことになる。そして、その委員長には、宮沢俊義が就任した。

南原は、幣原内閣の松本委員会に参加していた宮沢の動向には、

「注意して、知るようにはつとめていた」（『南原繁回顧録』東京大学出版会）

宮沢はそもそも、松本委員会で甲案、乙案に直接関与したことから明らかなように、日本政府の憲法改正を主導した憲法学者であった。宮沢自身も、ホイットニーから渡された民政局草案について

「私は当時の閣僚の一人からマッカーサー草案のことを聞いていました。たぶん二月の下

旬、それが閣僚にわかった頃だったでしょう」(『昭和思想史への証言』毎日新聞社)と語っている。宮沢が言及する「閣僚の一人」とは、松本烝治国務相のことである。

ところが、その宮沢がGHQ民政局草案を見て、天皇条項の内容に驚くと、その場で豹《ひょう》変《へん》し、南原に憲法研究委員会の設置提案をし、その翌日には委員長になっていたのである。

同委員会は十日後に始まるが、南原は委員会に一度も出席していない。委員会に出席した我妻栄も、そこで民政局草案が披露され、逐条読み上げられると一同二十名は唖然とした、ただし、詳細については「記憶がない」と記している。

では、極秘扱いの民政局草案を運び出すことは犯罪行為であり、「軍法会議」にまわされる危険があることを知っていたはずの宮沢が、なぜ同草案を持ち出し、憲法研究委員会なるあいまいな委員会をそれほど急いで作る必要があったのか。

宮沢は後に、

「祖國のゆくえというような問題をさきに心配すべきだったと思うが、その時は、(略)お恥ずかしい話だが、よくよくものを深く考える力を失つていた」(「そのころの生活」『世界』1955年8月号)と言葉を濁している。当時は米や卵を手に入れることの方が

切実で、彼は、

「コオヒイを一ぱいのみたい。これがその時の最大のあこがれだった」

とも続けている。その頃、彼の家族は長野県に疎開していた。しかし、東京での単身生活とはいえ、彼のように松本委員会の中核委員として活躍していた身分からしたら、一般庶民のような困りかたではなかったはずである。そのような中で、宮沢が直面していた一番の不安といえば何であったか？　それは、公職追放これ以外にあるまい。というのも、二月十三日は、その渦中にあったからである。

男系論者だった宮沢

日本国内では「戦争犯罪人を追放せよ」が盛んに叫ばれていた。それは単なる政治スローガンとしてではなく、厳しい追放闘争が起こっていたのである。追放対象は民間企業だけではなく、国立大学など教育機関も含まれていた。そうした状況下、GHQとPOLADは日本政府に憲法改正を迫ったのである。

既述したように、幣原政権の松本委員会に所属した宮沢は甲案もまとめていたが、POLAD日本駐在代表アチソンは、そのような日本政府の動向を探っており、

「アチソンは日本側が作成しつつある草案の性格に危惧を抱いた」(『日本のジレンマ』)と、近衛らと憲法改正を企んでいた部下のエマーソンは述べている。

しかし、それでも松本委員会はPOLADやGHQとは関係を持たないで、松本国務相は甲案を、宮沢は乙案を作ったのである。

宮沢は、大日本帝国憲法をもとに天皇条項を作成していた。

宮沢が彼の考えを大日本帝国憲法に置いていたことは、大日本帝国憲法の第一章天皇条項が十七条で構成されていたことに倣い、乙案の第一章も十七条項で構成されていたことでも証明される。しかし、単に構成だけではない。

大日本帝国憲法第一章天皇は、次のように始まっていた。

第一条　大日本帝国ハ万世一系ノ天皇之ヲ統治ス
これを受け、宮沢も大日本帝国憲法第一条を自らの乙案に「日本国ハ万世一系ノ天皇之ニ君臨ス」と書いていた。そして、「万世一系」という、一度も途切れず将来も途切れることなく続く天皇も、そこに明記されていた。

ここで是非留意して欲しいのは、宮沢の乙案第二条は、皇位について、現状、としていたことである。それは、大日本帝国憲法第二条「皇位ハ皇室典範ノ定ムル所ニ依リ皇男子

孫之ヲ継承ス」のままということである。ということは、

一　皇位は皇室典範によって定まること
二　皇位は、皇男子孫、すなわち天皇の男系男子が、継承すること（傍線筆者）

このように書いていたことである。つまり、彼は男系論者であっただけでなく、民政局草案とは対極に立つ、皇室典範の独立支持者でもあった。

大日本帝国憲法第七条は、天皇は、帝国議会を召集、開会、閉会、停会し、および、「衆議院ノ解散ヲ命ス」となっていた。乙案第七條を見ると、大日本帝国憲法第七条のうち「但シ同一事由ニ基ツキ重ネテ解散ヲ命スルコトヲ得ス」という但し書きを削除しただけで、あとはそのままだった。

宮沢は乙案第八條、乙案第九條も、大日本帝国憲法の第八条、第九条ほぼそのままを書いていた。

大日本帝国憲法第十五条は、「天皇ハ爵位勲章及其ノ他ノ栄典ヲ授与ス」であった。宮沢は乙案では、爵位と勲章を落とし、「天皇ハ栄典ヲ授与ス」とした。そして、大日本帝

国憲法第十六条「天皇ハ大赦特赦減刑及復権ヲ命ス」、同第十七条「摂政ヲ置クハ皇室典範ノ定ムル所ニ依ル　二　摂政ハ天皇ノ名ニ於テ大権ヲ行フ」についても、宮沢は大日本帝国憲法そのままを取り入れていたのである。

右のようなことから、実際、宮沢が書いた松本草案（乙案）をスクープした『毎日新聞』（二月一日付）も、社説で、

「憲法の中核ともいふべき天皇の統治権については、現行憲法と全然同じ建前をとつてゐる。即ち（略）これまでと変りはないのである」（『毎日新聞』昭和二十一年二月一日）

と解説していた。そして、これこそが、宮沢の真の姿であり、彼は、結果的に、GHQだけでなく、国務省日本代表部POLADに対しても受け入れ難いことをやっていたため、どちらからも〝追放〟と認定されるに相当する人物だった。

民政局による追放を恐れ豹変

POLADで改憲工作をしていたジョン・エマーソンは、同僚のロバート・フィアリーと総勢四十八人に上る戦争犯罪者リストも作っていた。（『嵐のなかの外交官』）

国務省日本代表部POLADのジョージ・アチソンが中心になって、部下のエマーソン、

フィアリーらに戦争犯罪者リストを作成させ、マッカーサーに送付していたのである。極東国際軍事裁判（東京裁判）の準備が進み、宮内省では、戦争責任追及の手が天皇に及ぶのでは、と危機感を募らせていた。

皇族梨本宮《なしもとのみや》がA級戦犯容疑者にされた日、侍従次長木下道雄は『側近日誌』にこう綴っていた。

「十二月四日（火）晴

一〇時三〇～十一時　聖上に拝謁。

梨本宮、犯罪人名簿に登録され居る旨、昨日通報あり。

（略）

戦争責任について色々御話あり。

右は非常に重要なる事項にしてかつ外界の知らざる事あり。御記憶に加えて右大臣日記、侍従職記録を参考として一つの記録を作り置くを可と思い、右御許を得たり。松平内記部長を相手とし、予自ら作成の考えなり」

木下が日記を記した二日後には、米国検察陣が来日し、即日、近衛文麿元総理、木戸幸《きどこう》一《いち》内大臣らを戦犯容疑者に指名した。すると、近衛は、出頭期限日十二月十六日未明に、手記を残して青酸カリ自殺をした。

その近衛も、生前、天皇の戦争責任について、

「御上は（略）敗戦の責任をおつて御退位になるべきで、それでないと連合国の一部から戦犯指定の声も出ないとは限らぬ」（『侍従長の回想』藤田尚徳）

と発言していた。

このような状況から、藤田侍従長は、

「近衛公の手記などを思い、また近く開かれるという戦争裁判が、どのような形で陛下の責任に触れてくるか、あれこれ思った」（前掲書）

と彼の不安を記していた。

しかし、その直後に藤田自身も、戦犯対象者にされてしまったために、侍従長の辞表を提出し、職を解かれた。その結果、侍従次長の木下道雄が、松平康昌《まつだいらやすまさ》内記部長らと戦争責任問題に取り組むことになった。

米国務省に利用された野坂参三

「野坂参三という日本人が帰国を求めている」

ジョン・エマーソンに、朝鮮駐留の米軍司令部から連絡が入った。

もともとモスクワに亡命していた野坂は、その後、「林哲《りんてつ》」という名で、毛沢東、周恩来が活動拠点にしていた中国の延安に向かった。そして、そこで名前をさらに「岡野進《おかのすすむ》」と変え、労農学校という日本兵捕虜センターで捕虜兵の洗脳工作をしていた。

野坂が作った労農学校は、重慶《じゆうけい》にあった米国大使館員にも注目される。エドワード・ガウス米国大使は国民党支持者だったが、次席大使・後POLAD代表ジョージ・アチソンは毛沢東派で、彼の部下ジョン・デーヴィスも同じだった。そのデーヴィスが、OSS（戦略諜報局）員エマーソンに、自分たちの心理作戦に野坂の日本人捕虜教育が利用できるかもしれない、と延安訪問を提案してきたのだ。

一九四四年十月二十二日、彼らが延安に着くと、国務省の中国担当官ジョン・サーヴィスが毛沢東との会談を用意して待っていた。しかし、エマーソンの延安訪問は、「中国人やロシア人ではなく、日本人のことを調べるのが目的だった」（『嵐のなかの外交官』ジョン・エマーソン　朝日新聞社）

エマーソンは野坂参三に会うと、同年十二月まで延安に二か月滞在し、洞窟内の彼の書

斎で、ぶっ続けに何時間も話し合った。エマーソンは、

「私と野坂との会談でもっとも興味深かったのは、日本共産党の将来と戦後の日本の性格に関するものだった」（前掲書）

このように記している。そして、注目すべきは、野坂が、天皇制の改革、戦争犯罪者とこれに関係した官僚、学識者の処罰と追放について強調していたことである。

こうしてエマーソンが野坂に会ってからわずか半年後の一九四五年七月末、日本に無条件降伏を勧告するポツダム宣言が伝えられる。続いて米国が広島、長崎に原爆を投下、日本政府が無条件降伏を受理したというニュースを伝えられると、野坂は日本帰国を決め、九月十日、延安を後にした。

その時、OSS員エマーソンの方は、米国務省日本代表部POLAD員として着任し、上司ジョージ・アチソンの下、ジョン・サーヴィスと東京で働いていた。

GHQは、野坂という日本人を帰国させることに異議があるか、エマーソンに問うてきた。政治犯は、G−IIが担当していた。G−II局長チャールズ・ウィロビーは、エマーソンを京城に送り、野坂に、政治犯からの解除を条件に、GHQの情報員になるよう密約を

迫った。そして、旧知エマーソンとその密約を交わすと、野坂は一九四六年一月十二日に日本の土を踏んだのである。

東京に姿を現した野坂は、国内の新聞だけでなく、米軍紙『星条旗』からも民主主義の英雄と祭り上げられ、GHQ司令部はマッカーサーの執務室と同じフロアーの部屋で講演会を開催し、民政局員たちがこれに参加した。

日本共産党の党是の一つも、戦争犯罪人追及になっていた。幣原内閣の法制局長官であった楢橋渡は、当時の状況について、

「司令部の追放責任擔當者は民政局長ホイットニー代將とその部下で（略）ホイットニー代將は六月一杯に追放令該當者十八萬五千を數へるであらうことを明かにした」（「新憲法製造記」『文藝春秋増刊』一九五二年六月五日）

と述べている。GHQも、密告や投書で犯罪人を告発することを奨励していたため、追放容疑者は増えていた。

そのような中、POLAD員エマーソンが、野坂や日本共産党を使って、旧体制の遵奉《じゅんぽう》者《しゃ》「宮沢俊義」と告発させたら、宮沢の逮捕など即可能であった。そして、そのことを一番理解していたのが宮沢本人だったはずである。

厳しさ増す公職追放

一九四六年一月四日に、公職追放指令がGHQから出されていた。そして、二月に入るとその内容も具体化され厳しさが知られてくるが、松本国務相が民政局案を手渡された二月十三日あたりこそがその絶頂にあった。例えば、二月五日付『朝日新聞』は一面で、「追放令の適用範圍閣議決定」という大見出しで、「軍國主義的指導者の官公職よりの追放に関するマツクアーサー司令部の指令を受けてから政府はこれを具体化する法的措置として勅令案の作成を急いでいる」と報じ、追放適用の範囲について「関係各方面と連絡了解を得て、七日発表される」となっていた。そして、二月九日付『朝日新聞』一面は、「追放の具體的範圍兩三日中に發表か」という見出しが躍り、二月十日付『朝日新聞』一面では、「廣汎なる公職追放推薦議員總て該當」と報じられ、日本政府もこれに厳格な態度をもって臨み、「マツクアーサー司令部の指令を忠実に実行するの意図が窺われる」と伝えていた。

各省関係では、内務省、文部省、宮内省が該当になり、宮内省は藤田尚徳侍従長、山梨《やまなし》勝之進《かつのしん》学習院長、賀陽宮恒憲王《かやのみやつねのりおう》殿下掌典長《しょうてんちょう》などの名が挙げられていた。二月十一日付『朝日新聞』も「公職追放の第一矢として放たれた立候補禁止の該当者」を一面トップで報じ、追放指令が政界に与えているニュースを伝えていた。

二月十三日付『アカハタ』では「追放令をサボル政府」という見出しで、「幹部からチンピラ子分にいたるまで（略）公職から追ひだし、彼らを根こそぎにしなければ、平和な明るい日本は作れない（略）とくに大切なことは、政府機関にスクッてゐる反動的官僚分子を追っぱらふことだ」

と要求していた。

追放報道の波は、教育界にも向かう。

二月十三日付『朝日新聞』は、一面で、「教育理念の再確立　文教諸懸案解決に期待」という見出しの記事を、「民主主義革命の展開」という野坂参三の寄稿文と並べて載せていた。

ＧＨＱの追放指令により、二月十三日は官界が大混乱に直面し、その矢が教育界に向けられようとする最中であった。宮沢は、そのような日に、松本国務相から、「マッカーサー草案」が突き付けられたことを知らされたのである。すると、彼は、その「マッカーサー草案」を松本国務相から奪うように手にすると、南原繁のところに駆け込み、同草案を見せながら「憲法研究委員会」設置を決めたのである。しかし、委員会とはいえ、南原はこれに一度も出席したこともなく、松本委員会で宮沢と作業を共にしていた佐藤達夫も、宮沢が作った憲法研究委員会について、

「この委員会の解散の時期については記録もなく、明らかではないが、いずれにせよ内閣草案の発表後あまり長い月日ではなかった」（『日本国憲法成立史』第二巻ｐ９４３）

と、あいまいな記述をしている。

つまり、宮沢にとって、同委員会は一時的にでも存在すればよいものであった、ということになるが、その狙いは適中する。

憲法研究委員、貴族院議員となる

一九四六年二月二十八日、内閣に公職資格審査委員会が設置された。そして、国務大臣、枢密顧問官、貴族院議員、各官庁現職者を審査して、八百三名を追放該当者にした。

衆議院議員も三百六十三名（進歩党二百五十一名、自由党二十名、社会党十一名、無所属八十一名）が追放され国会から姿を消すことになったが、貴族院の方は、八十八名が追放された。

ところが、このような貴族院議員八十八名に対して行われた公職追放が、宮沢の憲法研究委員会の委員たちに大きな変化をもたらす。法制局は貴族院議員が追放された結果、彼らとの入れ替わりに、南原も、宮沢も、我妻も、宮沢の憲法研究委員らを貴族院議員に勅選し、国会議員に任命したのである。

南原は、『南原繁回顧録』で、

「私が任命されたのはたしか昭和二十一年三月です。その前後、法学部では（略）高木八尺、我妻栄、宮沢俊義の（略）諸教授が入っております。これは公職適格審査の問題があって、多くの貴族院議員がパージされ」「貴族院議員が足りなくなっちゃった」ためである、と明かしている。高木八尺も、貴族院議員のパージ（追放）に対応するため、「法制局は、日頃交流のあった学者を」対象にして、「一挙に勅選を製造したのです。三月に三十人ぐらい、三十組と言いましたが、三十人組を勅選にしたのです」（『高木八尺名誉教授談話録』）と認めている。

宮沢を委員長とし、二月十四日に設立された憲法研究委員会委員の我妻も、「委員のうち多くの者は、あるいは貴族院議員となり、あるいは政令制定委員となってその方に活躍しなければならなくなった」（『世界』一九六二年八月号）、こう述べている。

では、貴族院議員・政令制定委員になった宮沢は、具体的に、この直後どのように変身したのか？

壇上の乙案起草者

貴族院議員宮沢俊義は、八月二十六日、第九十回帝国議会に登壇した。議事は、日本国憲法改正案であった。「宮沢俊義君」と徳川家正《とくがわいえまさ》議長から呼ばれ、壇上に現れた宮沢は、開口一番に、

「是ハ日本ノ政治ノ民主化ニ於ケル重要ナル一歩前進デアルト考ヘテ居リマス」（「官報」號外昭和二十一年八月二十七日）と発言すると、

「此ノ改正案ガ成立スルコトヲ心カラ祈ツテ居リマス」（前掲書）

と続けて、GHQ民政局の憲法改正支持を表明したのである。そこには、「乙案起草者」としての反省、後悔、謝罪の弁は全くなかった。そもそも憲法改正という事態を引き起こした原因は彼が書いた松本草案（乙案）にあったのである。ところが、宮沢は自らの責任をポツダム宣言に転嫁させ、

「『ポツダム』宣言ノ受諾ト云フコトハ、國民主權主義ノ承認ヲ意味スル」（前掲書）

「『ポツダム』宣言受諾ニ依ツテ最終的統治形態ガ、自由ニ表明セラレタ人民ノ意思ニ依ツテ定マルトスル原理」（前掲書）が、「終戦迄ノ我ガ憲法ノ根本建前ト原理的ニ異ルモノデアル」ため、国民を主権とする憲法改正が必要になった、と弁明したのである。

このように松本委員会にいたときの考えと行為を一八〇度転換させた宮沢貴族院議員は、直後に皇室典範委員になったのである。するとその転換を実践するように天皇退位を唱え、女性天皇の容認者として現れたのである。天皇条項が、公職追放の権限を有するGHQ民政局により起草されていたことを知った上での豹変であった。

GHQによる宮内省機構の縮小、八割削減

一九五九（昭和三十四）年五月二十日、総理官邸で憲法調査会第三委員会が招集され、高尾亮一《たかおりよういち》と佐藤達夫が参考人として出席した。

「私ただ今御紹介いただきました宮内庁の皇室経済主管をいたしております高尾亮一でございます」

高尾参考人は、皇室典範の制定に関係した者として参考になることがあれば幸いと思い出席した、と続けた。高尾の話は、終戦の昭和二十年十月に遡った。当時、戦後の宮中事

務の処理方針を検討しようと、宮内省事務調査会が設けられた。

もともと宮内省機構は日本政府の外にあり、戦前の宮中事務は、皇室典範に基づく皇室立法によりすべて処理され、宮内省の職員も皇室財産によって給与が支払われていた。宮内省は、他の行政機関とは異なり、皇室自律主義に立ち、宮内大臣が宮内省の人事や皇室令の権限を持ち、天皇を輔弼し、天皇、皇族に対する外部からの政治介入を防ぐ役割を担っていた。

このように宮内省を他の政治制度から切り離す政策は、伊藤博文が、民権派からの皇室介入を防ぐため、内閣制度の整備を行い、「宮中（天皇及びその側近）」を「府中（政府）」から切り離したことに由来する。

ところが、駐日占領最高司令官への指示書『降伏後ニ於ケル米國初期ノ對日方針』には、「天皇及日本政府ノ権力ハ（略）最高司令官ニ隷属《れいぞく》スルモノトス」「皇室ノ財産ハ（略）免除セラルルコトナカルヘシ」と書かれていて、皇室財産が、賠償として接収される瀬戸際に立たされた。そして、その直後、ＧＨＱ司令部は日本政府に対し、「司令部の事前の許可無くして皇室財産の處理を爲さざる事」「昭和二十年八月十五日以降の皇室財産移譲を無効とする」「重要な財産の得喪は司令部の受くべき」という指令を伝達し、これにより皇室財産を凍結する処置がなされたのである。

「この指令が、皇室財産に對して、重大な影響を與へ、皇室の御活動に深刻な制約となった」

高尾は、このように昭和二十三年七月当時、『戦後における総司令部の対皇室政策稿本』の中に書き残していた。つまり、皇室財産が凍結になると、宮内省職員の給与の元がなくなり、宮内省そのものの機能も停止してしまう。そこで、当時、宮内省事務調査会幹事であった高尾は、新憲法要綱を精読してみた。すると、「皇室に世襲財産が残り、その収益は国庫に帰属する」という条項を見つけたため、彼は、この皇室の世襲財産による収益を引き当てにして、宮内省を処弁し得る限度まで縮小することを決断した。

宮内省の機構は、大臣官房と内局として侍従《じじゅう》職、式部《しきぶ》職、宗秩寮《そうちつりょう》、諸陵寮《しょりょうりょう》、図書寮、大膳寮《だいぜんりょう》、内蔵寮《くらりょう》、内匠寮《ないしょうりょう》、主馬寮《しゅめりょう》、総務局、警衛局《けいえいきょく》の十二局が、外局として内大臣府、掌《しょう》典職《てんしょく》、皇后宮職《こうごうぐうしょく》、東宮職《とうぐうしょく》、皇太后宮職《こうたいごうぐうしょく》、帝室会計審査局、御歌所《おうたどころ》、帝室博物館、正倉院管理署、帝室林野局、学習院、女子学習院、李王職《りおうしき》の十三局、その他、京都地方事務所があり、職員数は六千二百十一名であった。

それを一九四五（昭和二十）年十月五日には内匠寮と主馬寮を合併して主殿寮《とのもりよう》とし、総務局を廃止して所掌《しょしょう》事務を大臣官房へと移管した。さらに、十一月二十四日には侍医寮《じいりょう》、大膳寮、外局の皇后宮職を廃止して侍従職などに所掌事務を移管し、天皇・皇后の日常生活を管轄する部局を侍従職に統合した。高尾はこのように宮内省の機構を圧縮すると、次は事務の移管を政府機関に求め、帝室博物館は文部省、帝室林野局は農林省に受け入れてもらった。しかし、それでも移管できなかった学習院、女子学習院は独立法人化した。

そして、最後は、機構そのものを廃止してしまう。高尾は、語っている。

「帝室会計審査局、これは検査院に当るものでございます。これは国に移れば当然不用になります。内大臣府、これも新憲法の趣旨から廃止する。御歌所、李王職、禁衛府《きんえいふ》、正倉院管理署。それから掌典職《しょうてんしょく》、これは祭政分離のために国の機関としては廃止する。（略）これを具体的に立案し、着々実行に移してゆきました」（憲法調査会第三委員会第十一回会議議事録）

以上のような措置を強行すると、宮内省の陣容は長官官房の他に、皇太后宮職、式部、図書、内蔵、主殿四寮、京都地方事務所となり、職員数も八割削減され、わずか千四百五十二名になってしまった。

高まるGHQの宮内省攻撃

ところが、GHQからの宮内省攻撃はそれだけでは終わらなかった。
高尾の同僚であった入江相政は日記に記している。
「一月四日（金）晴　暖　六、三〇　一一、三〇
いい気持で起きる。昨夜の雨もまるで春雨のやうに暖かかつたが今朝も亦《また》春のやうだ。歩いて出勤。（略）今日又指令が来て満州事変以来の戦争、政治の指導的地位にあつたもの総ての退陣を求めて来た由、大臣、侍従長、学習院長等が入るらしい」（『入江相政日記』第二巻）
入江が文中で述べている「指令」とは、一月四日に出された公職追放指令のことである。
追放後は、政治活動禁止、元の職場建物への立入禁止、「三親等以内のものが被追放者の元の地位につくことを禁止」とされ、本人や親族・家族も、社会から抹殺同然となった。
『入江相政日記』は、一月に入るとより具体的に記されている。

「一月九日（水）晴　暖　六、四〇　一一、〇〇
（略）政情は渾沌としてゐるらしい。（略）帰路高尾参事官の所へ寄り一月四日のマックアーサー旋風の宮内省の処すべき道につき所存を述べる。即ち石渡宮相、藤田侍従長、山梨学習院長、桑折傅育官、その外元武官等指令に該当するものはよろしく退陣、以て君側には軍国主義の残滓すらなしといふことを中外に声明すべき旨述べ全幅的の同感を得る」
「当時は終戦直後のことであって、戦犯の追及が実に厳しかった。宮様でさえ戦犯として追及を受けておられる」（『ネパールの伊藤博文』）

佐藤達夫も追放の厳しさについて述べている。

親王（皇子・皇孫男子）および王は、皇族身位令により、満十八歳になると陸海軍武官に任ぜられることになっていた。このため、成年男子皇族ほとんどがこの指令に抵触していた。そして、八宮家が皇族から離脱させられた。このような皇室を取り巻く状況の変化は、天皇と宮中を支える構造も激変させ、その実権は宮内省官僚に移されていくことになった。例えば、石渡荘太郎宮相が辞任すると、一月十六日に松平慶民が宮内大臣に就任し、藤田尚徳侍従長の代役は木下道雄次長がなった。大金益次郎宮内次官、入江相政侍従らは、旧体制の一掃を主張し、宮中人事も新体制が志向されていった。

『入江日記』には、同僚の宮内官僚たちが登場するようになる。

「三井、高尾両氏と四方山話、最近の宮内省、殊に書記官連の嘆かはしき情態に付話し合ふ」（一月二十五日）

「夜九時から十一時過迄高尾さんが来て、泊り合わせた三井さんと三人で非常に愉快に語り、いい気持で寝る」（一月二十六日）

「八時半頃三井さんと高尾さん来、例により十一時迄色々話は尽きない」（一月三十日）

『入江日記』に頻繁に「高尾さん」と書かれて登場する人物こそ、憲法調査会参考人として出席していた高尾亮一参事官のことである。

高尾は、終戦時は宗秩寮課長に任命されつつ掌典事務官を兼務していた。その頃、宮内省から旧体制が一掃されつつあったものの、まだ学習院出身者が残っていた。彼らは法律や憲法実務に通じていなかった。入江相政も、学習院から東京帝国大学の国文学に進んでいたため、法律のことは何も知らなかった。

入江の妻は内職に袋はぎをやっていた。そのことを宮内省の人は皆知っていて、夫の入江が遊び人で金遣いが荒いからだと思っていた。新聞記者の間では、「硬派の高尾、軟派の入江」と呼ばれていた、という。

宮内官僚・高尾亮一が見抜いた天降りの指令

高尾亮一は、入江とは対極に立つ人物だった。新潟県の佐渡島《さどがしま》に生まれ、母子家庭に育ち、単身上京すると、第一高等学校、東京帝国大学法学部に学び、全優で卒業した宮内官僚だった。

高尾は結婚をすると荻窪に居を定め、一家四人で貸家住まいをしていた。夫人は、鋳金《ちゅうきん》作家で後に人間国宝になる佐々木象堂《ささきしょうどう》の愛娘だった。高尾と同じ佐渡出身の象堂は、池袋の住居をアトリエにして鋳金活動をしていた。戦争末期になると、B29爆撃機が日本本土を空襲し始めたため、高尾は、夫人と子供たちを佐渡に疎開させ、自分も荻窪の貸家を引き払い、学習院敷地内の昭和寮に移り、そこから自転車で宮内省に通うなどしていた。

戦時下の単身生活は大変だった。家族と住んでいた荻窪川南の住居は貸家だったため、高尾はリヤカーを借り、それまで使っていた家財を、行程片道十四キロの道を一人で目白まで何往復もしながら運んだのだ。

「一月五日　金

午前昨日に引続き荻窪へ荷物とりにいく。今日はコースを変え、往は中央線中野駅横道、返は東中野駅横道でやる。昨日は往荻窪駅、返は阿佐ヶ谷駅横道であった」

昭和寮に移った高尾は、その日の日記に続けている。

「リヤカーを借りて荻窪へ行く。荷物の残ったものを縄をかける。三時頃残りの荷をリヤカーにのせて帰る。途中荷くずれしてほとほと閉口す五時頃帰寮」

五時頃、暗い昭和寮に戻ってくると、彼はリヤカー引きで疲れた身体のまま、今度は宮内省宿直のために目白から赤坂に向かった。宿直で一夜を明かした高尾は、疎開荷物と引越し荷物作りのためその足で荻窪に自転車で行き、引越し作業をして、目白の昭和寮に帰るのだ。そして、荷物を寮まで運んでくると、それらを降ろして片付けてから、やっと夕食である。

「半日取片付に忙殺さる、夕食は試みにめしをたいてみる少々やわらかすぎたがともかくできた」

彼の日記を読むと、その夜のおかずはシャケ一切れとおからだけだった。

高尾の生活は多忙を極めていた。公私の仕事に忙殺され、一九四五（昭和二十）年一月から翌年二月は日記の記述すらできなかったのである。

しかし、初春三月、彼の日記は次のような言葉で再開された。

「この一年悲劇は終わった。祖国は亡国の一歩手前であがいてゐる　復興の記録をつけ得るようにしたいものだ」

彼は一九四六（昭和二十一）年三月六日に昭和寮での単身生活を終え、佐渡に疎開していた夫人と子供たちを迎える準備を始めていた。家族で暮らすため、それまで留守になっていた池袋の義父宅までリヤカーを使い荷物を運んだのである。義父の留守宅は相当に荒れ、電燈の笠が畳の上に落ちていた。そのような中、荷物を降ろすと、日記帳を取り出し、どうしても書いておきたかったことを書き始めた。三月七日に新聞発表された日本国憲法改正草案要綱であった。高尾はその日の日記に次のように書いていた。

「三月七日　曇　木

寒さぶり返す。（略）

政府憲法草案発表され一日その話でもち切りになる。

米国からの天降りの指令の翻訳なること一目瞭然たり。

この憲法を破棄する日は何時にならうか」（傍線筆者）

皇室典範の真の作者

「皇室典範は父が書き、法制局への想定問答も自分がやったと言っていました」

皇室典範の起草者については、住本利男毎日新聞政治部長（当時）が、彼の著書『占領秘録』に、「皇室典範のことは（略）井手法制局第一部長（成三）が横浜の県庁内にとじこもって三日がかりで原案をつくった」と書いたため、井手成三とされてきた。

しかし、日本国憲法の成立過程で証明されたように、法制局員には起草に向いていないことがわかった。とすれば、皇室典範についても大同小異であろうと考え、私が調査を進めていると、高尾亮一という宮内官僚が浮上したのである。ちなみに高尾亮一と私は姓が同一であるが、私たちには血縁関係はない。

私は、皇室典範の起草者となる高尾亮一の子孫を探すことにした。すると、戦争末期、母親と共に佐渡に疎開していた長男が東京で暮らしていることがわかった。そこで私は長男に取材を申し込んだところ、幸運にも許可が得られた。

長男の道生《みちお》氏の話によると、高尾亮一のルーツは、佐渡の新穂《にいぼ》という小さな町で、当時の町の交通手段は乗合馬車と人力車だったという。そんな限られた交通事情のため、佐渡という島育ちにもかかわらず亮一少年が海というものを初めて見たのは小学校三年生になってからであった。

亮一少年は小学校に上がった頃、父親を亡くしている。そのため、それ以降は、母親に育てられた。しかし、母子家庭だったとはいえ経済的に恵まれていて、兄弟姉妹らは皆大学に行き、男の兄弟は東京帝国大学に進んだ。

小学校時代の亮一少年は神童だったわけでなく、どちらかといえば、「もう一年原級に残そうかと職員会議で問題になった」くらい、ぼんやりした子だった。ところが、学年が変わると目が覚めたように成績も上がり、小学校修了時は自宅から九キロ離れたところにあった旧制佐渡中学を受験し、百五十人中十番で合格した。

「身体が小さく弱々していたので、母親は中学校通学の九キロの道のりを心配した」という。そこで、中学一年目は学校の近くに下宿した。しかし、二年目から、少年は片道九キロもの道を歩いて通学した。一日往復十八キロもの道のりである。近距離通学すらできずに脱落する者がある中で、「父は健康保持のため、雨の日を除いて歩きました」と道生氏は語る。通学途中は、二宮金次郎像のように、歩きながら本を読んでいた。少年は国語が得意科目になっていた。

旧制佐渡中学を卒《お》えると、第一高等学校文科甲類の入学試験を受けることにした。第一高等学校の合否は試験の成績番号順に発表された。

「もし自分が受かっているにしても、きっと終わりの方に違いない」、合格発表の日、彼はそう思って終わりから自分の受験番号を探し始めた、がなかなか見当たらない。ところが、上から四十番目まで来ると、そこに自分の番号があった。一高への入学は一九二九（昭和四）年であった。

道生氏は私に、

「父は田舎から出て来て一高に入ったとき、周囲にいる学生は非常に垢ぬけしており、この学校でやっていけるかと心配になったらしいです」

と教えてくれた。その頃は、世界的な経済恐慌が起こったために、不況が深刻で、失業者たちが巷《ちまた》にあふれ、青年たちはマルクス主義に傾倒していた。しかし、そうした中でも高尾亮一青年はマルクス主義青年にもならず一匹狼を保ったという。そして、文芸部に身を置いたところ、水を得た魚のように活躍し始めた。短歌会では短歌を作り、評論や小説まで校友会誌に書き、次の代表作品が掲載されている。

「歴史とは」（校友会雑誌三二八号　昭和五年七月発行）

「死んだ大尉」（同　三三一号　昭和六年一月発行）
「死骸」（同　三三二号　昭和六年六月発行）
「夏秋鈔」（同　三三五号　昭和七年二月発行）

高尾は一高時代、文芸活動を通して杉浦明平《すぎうらみんぺい》、林健太郎《はやしけんたろう》、斎藤茂吉《さいとうもきち》らと知り合っている。中でも東大建築科在学中に辰野賞を受賞した建築家で詩人の立原道造《たちはらみちぞう》とは特に親しく交流し、短歌会誌『詠草』（三三二号　昭和六年六月発行）は、次のような二人の短歌を掲載している。

手に移つた春の香、赤い茎の附根《つけね》に蟻がはっている　道造
目とづれば瞼に重き寒さあり湯にひたりつつ静けさに居る　亮一

このように文芸活動に没頭していた亮一青年のところに、ある日、高間芳雄《たかまよしお》と名乗る人物が訪ねてきた。彼は売り出し中の作家高見順で、同人誌『日暦』の同人になるよう勧めに来たのだ。しかし、高尾は大学で法律をやるつもりだった。

「もう小説は書かない、一高卒業と同時に父はそう決断していたのです」

道生氏は、父高尾亮一が暮らしていた家で語ってくれた。亮一青年が法律を選択した理由は、佐渡にいた母親だったという。

「故郷佐渡にひとりいる母親を早く安心させなければならないと考えていたからです」

そして、法律学科に入ってからは文芸活動から手を引き、

「父は六法全書を一日で百頁読み進むという生活に変えました」

「やがて父は宮内省に入り、参事官として天皇の戦争責任についてGHQと交渉を行い、その後、皇室典範作りをすることになったのです」

一参事官の双肩に懸かった皇室典範

高尾参事官は、

「本日は皇室典範改正調査委員を命ぜられ」と日記に記した二日後の一九四六（昭和二十一）年三月八日、宮内次官室で開かれた皇室典範改正調査委員の初顔合わせに出席した。同委員会は、松平康昌を委員長に、稲田《いなだ》周一内記部長、加藤進総務局長、城《しろ》富次課長、高尾課長で構成されていた。「ウォータイム・レスポンシビリティー（war time responsibility）、戦争責任と父は必ず言ってたんだけれども」、GHQ司令部に行くたび

ごとに「天皇の責任問題を何度も何度も言われたというのです」
松平と稲田の二人には天皇の独白録作りの仕事があった。
「この頃、戦争裁判に関連して陛下の責任を取り上げる者もあるので、陛下の御気持のありのままを成るべく早く書き記す必要があった」(『稲田周一備忘録』)
三月十八日、稲田は自らの備忘録に記している。
「大臣、侍従次長、宗秩寮総裁及内記部長は御文庫に行き、(略)内記部長の私が速記した」(前掲書)
稲田は、一九〇二(明治三十五)年生まれ、一九二五(大正十四)年に内務省に入り、一九三一(昭和六)年に犬養毅《いぬかいつよし》内閣の内閣書記官となり、以後、十三代の内閣に仕え、一九四五年四月から滋賀県知事も経験していた。そんな彼は、内廷庁三階の日本間に泊まりながら天皇独白録の作成に専念していた。
このように稲田と松平は、東京裁判の対策の方に時間が取られることとなった。そうした事情のため、皇室典範の担当は残る三名になったが、加藤総務局長は皇室財政の件で経済科学局(ESS)から呼び出されて忙しく、城課長は庶務人事のために、文書課長であった高尾が担当幹事にされた。そして、皇室典範改正委員会が始まると、「高尾君との議論が多かった」と稲田は備忘録に記している。

高尾が日記に書いた通り、日本国憲法改正に伴い、皇室の関係法案が話題になってきた。そして、昭和二十一年三月十二日、臨時法制調査会設置が閣議決定された。

臨時法制調査会は、総理大臣を会長、金森《かなもり》徳次郎国務大臣を副会長とし、法制局長官、同局次長等五十人の委員、幹事長一人（入江俊郎法制局長官が兼務）、同局事務官等三十三人（法制局次長は委員と兼務）の幹事を擁し、七月十一日に第一回総会を開催、皇室関係法は同調査会第一部会に任されることになった。このような結果、臨時法制調査会が発足するまでの数か月、高尾幹事は、日本国憲法改正に対応する「新」皇室典範の研究に着手する。そして、三月十二日、宮内省に「皇室典範」の研究会を持った。高尾は、同日の日記に、「典範改正調査委員会第一回　四時から五時半まで侍従次長応接室で行なふ」と記している。

新旧憲法の切り替えにより、各種法令の制定と改廃が動き出した。法制局も、井手成三第二部長を第一部長に昇進させ、皇室関係法案を担当させることにした。ただ、皇室典範、皇室経済法は、井手の専門分野ではなかった。そこで、法制局は、それらに詳しい高尾に白羽の矢を立て、法制局参事官として兼務させ、井手への素材提供に努めてもらうことにした。

宮内省の最重要事項であった皇室典範、皇室経済法は、高尾参事官の両肩に背負わされたのであるが、そうした一端を示す事例を高尾は日記に残している。

「三月十三日　曇　水
調査会第二回。夜八時まで。

三月十五日　晴　金
夜は調査会第三回
尚午前文部省関係者と会議」

調査会とは、宮内省の皇室典範改正調査会のことで、高尾はここで憲法改正に伴って起こる皇室典範改正について同会を主宰し、三月十五日以降は十八日（第四回）、二十二日（第五回）、二十五日（第六回）、二十六日（第七回）、二十七日（第八回）、二十八日（第九回）、二十九日（第十回）と頻繁に続けていく。

三月二十二日夜に五回目の同調査会が開かれた。そして翌二十三日午前は、高松宮が出席して米国赤十字代表十二名を越ケ谷鴨猟《こしがやかもりょう》に接待する予定になっていて、午後は総理官邸で皇室典範の打ち合わせが入っていた。

高尾は多忙だった。ところが、三月二十二日の朝、電報が届いた。「ナホコサンゴワルクゴジシス」、彼の姉の死を伝えたものだった。姉は二月に出産し経過も良好であったが、突然の悲報だった。

「母上もいかばかり嘆いておられるであろう」

そう思うと、高尾は佐渡に一人残っている母にすぐ電報を打った。しかし、皇室典範幹事役であった彼は東京を離れ得なかった。彼は涙を呑んで、「今帰れないので、その旨母に申し送る」、そう日記に書き、次の和歌を詠んだ。

廿男の童ふたりのこして姉上は彼岸中日《なかび》に逝き給ふとや

偶然からの宮仕え

自宅から池袋まで、眼前には一面焼け野原の光景だけが広がっていた。家族は彼の出身地佐渡島に疎開しており、子供たちとは二年間も会っていなかった。

　実は、彼が宮内省で官僚生活を送ることになったのも、自ら選択したものではなく、偶然からであった。大学卒業間近に第一高等学校の恩師三谷隆正《みたにたかまさ》から、「お前は法律をやったんだったな、それなら役人をやってみろ。二年か三年でいいからとにかく一度やってみろ」と言われたのがきっかけだった。

　三谷隆正は新渡戸稲造《にとべいなぞう》、内村鑑三《うちむらかんぞう》の高弟として知られ、一高で法制を担当して学生の支持を受けていた。その三谷が、弟の三谷隆信《みたにたかのぶ》がいる内務省に、高尾の目の前で電話したのだ。すると、何が何だかわからないうちに内務省入りが決まってしまったのだった。

　こうして内務省に入ったところ、高尾はすぐに秘書課長山崎巌《やまざきいわお》（後の内務大臣）から宮内省採用を知らされる。彼はこれを聞いたとき、宮内省がどこにあるか知らなかったほどの田舎者だったので、「宮内省は自分の性には合わないと思う」と抵抗した。

　すると
「お前みたいな平民の息子は、こういう際でないとお堀の中へなんぞ入れないぞ」

　と山崎が言うので、

「それもそうかな」

と冷やかし半分で宮内省に勤めることにしたのだった。

こうして宮内官僚を務めた高尾は、後に皇居内に一つのモニュメントを作っている。新年の一般参賀で知られる新宮殿《しんきゅうでん》である。

「宮殿」とは、奈良の平城宮以来、天皇により使われてきた政所であり、現存する最古の宮殿は、京都御所で、天皇はそこを江戸時代まで使っていた。ところが、東京に移ってからは、明治宮殿に住み、ここを政所としていたものの、昭和二十年五月二十六日未明、米軍機B29二百数機が来襲し、爆弾と焼夷弾約十五万発を都市部を中心に落とした。燃え上がった火の手は日比谷公園、三宅坂方面から、火の玉となって堀を越えて皇居の中に飛び込んで、正殿を炎上させてしまったのである。

「宮殿のほうはと、東の空を振り返ったら、そこには、なんともいえぬ無気味な炎が夜空に立ちのぼっていた。それは、ちょうどグリーンの絵の具に牛乳をまぜたような色をしていた。文字で書けば緑白色ということになるが、なんとも気味の悪い、とても口では表現しえない炎だった」

その日、当直だった高尾は、皇居炎上を肉眼で目撃し、右のように語っていた。

焼失した明治宮殿は、書院造りの京都御所とは異なり、三八〇〇坪（一二五四〇平方メートル）もの規模をもつ和洋折衷木造建物で、日本式の荘厳な新宮殿を通して世界にアピールしようとしたものだった。

明治宮殿焼失後、天皇は仮の建物を政所として使っていたが、それから十九年の時を経て、高尾は新宮殿建設の指揮を任せられたのである。

高尾は、昭和十一年八月十三日宮内省帝室林野局木曽支局に赴任させられたが、このときの経験が、新宮殿建設に結びつくのである。

皇居の新宮殿をつくる

新宮殿の造営主管になった高尾は、「いま」という場に軸足を据え、日本がその時点でなし得る最高水準の芸術、科学技術をそこに表現することにする。

しかし、宮殿は、平安京の例に従えば、本殿の紫宸殿であり、京都御所では檜皮葺入母屋造りの壮麗な紫宸殿宮殿は南面している。

彼は皇室と日本国民との長い関わりについて考えた。古来、皇室には国民に対して威厳をもって臨んだ歴史はない。京都御所を見ても、街中の平地に建てられている。攻守に備えて山地に築城され天守閣から天下を睥睨《へいげい》して威容を誇る城郭とは異なっている。そこで、高尾は、新宮殿も中国式宮殿の南向き建て方を廃止した。

天皇の即位などで使われてきた紫宸殿北西にある清涼殿《せいりょうでん》は、日常生活の御殿として使用され、日常の政務の他、天皇の寝室、祈禱所、座所に使われた。清涼殿はこのように天皇の生活の場であることから、新宮殿を建てるのであれば、紫宸殿こそ宮殿の建設に活かされるはず、と考えられよう。ところが、高尾は、それを清涼殿の方に置き換えて建てる決定をしたのである。

新宮殿には、京都式に清涼殿前の禁中庭を流れる御溝水《みかわみず》や、庭も作ることにした。そこで、庭園設計家と相談した。ところが、その設計家は引き受ける条件として、宮殿の設計を変更する可能性を告げた。高尾は、それを聞くや、庭園設計家にお引き取りを願い、彼自身がチェーン・ブロックを現場で動かし、石を据え、連翠《れんすい》の池を作った。その設計家は、庭園は作家による芸術だ、と自己主張した。しかし、高尾は、誰がやったかわからない匿名性を求めていた。

起草を任された小参事官

「宮内省には三人の参事官がいたというのです、大参事官、中参事官、小参事官が」

皇室典範の起草に当たった高尾亮一の長男道生氏が私に語ってくれた。

東京裁判（極東軍事裁判）が始まっており、宮内省は神経質にならざるを得ない時期であった。そのようなことから、大参事官、中参事官は、GHQ関係者への鴨猟接待のため、千葉と埼玉の鴨場通いを頻繁にしていたため忙しく、皇室典範起草は、英国法に詳しかった高尾亮一小参事官に任されていた。


侍従次長木下は、四月十六日の日誌に記している。

「拝謁の際、憲法草案第十四条につきお話あり。（略）八、十四、八十四の三ヶ条については御懸念あり。

この事につき、午後、大臣、次官、加藤主管、高尾文書課長と協議（略）態度を決定す。（略）（次官、高尾、承知）」（『側近日誌』木下道雄）

高尾は木下侍従次長から信頼されていた。木下と幣原首相、松本国務相とのやりとりの説明も受けていた。木下は、その翌日、入江俊郎を呼んだ。入江は三月十九日に法制局長官に就任したばかりで、臨時法制調査会の幹事長も兼任していた。その入江が宮内省に来ると、高尾が呼ばれた。一高の先輩後輩の間柄だった。

木下は日記に記している。

「四月十七日（水）雨

朝、（略）高尾文書課長を招き、昨夜の書類を手交す。同時に入江法制局長官を招き、第十四条に関する見解を聞く。第七条に所謂法律の定める特別の官吏とは、主として親任官を意味し、その任命には御璽《ぎょじ》を捺すことによりその任命を形式化する様な考えの如し。しこうして官吏法の如きものを作る考えなりと。よつて宮内官吏について、その任免は陛下の御同意を要する意味にて、官吏法の中に特記せられたしと云う。長官は承知して帰る」

皇室典範会議

四月十七日の入江会談を受けると、四月十八日夜に、宮内大臣官邸で典範調査会が開かれた。高尾は、皇室典範の起草を始めていた。その二日前の四月十六日に、高尾の家族が疎開先の佐渡から二年ぶりに池袋の家に戻ったものの、家族と再会しないまま、彼は四月十九日も作業を続けた。宮内省の典範会議は夜に行われ、そのまま遅くまで議論・検討が続けられたため、高尾はその日も家に戻らないで徹夜で作業をした。そして、翌日午前中も皇室典範の起草作業を続け、二十一日午後にようやく帰宅した。

高尾の日記では、四月十九日から、「調査委員会」が「典範会議」と記述が変更されている。

吉田首相を会長、金森国務相を副会長、両院議員、学識経験者を委員とする「臨時法制調査会」の第一部会は、「皇室・内閣関係」となっていたが、実際は皇室典範が中心に検討された部会だった。当時、同部会に所属した法制局員も、

「もっとも議論されたのは、皇室典範であり、それに比較すれば内閣法についてはそれほど激しい、または深刻な議論はなかった」（「内閣法制定の経過」佐藤功『法律のひろば』一九五五年十二月号）

と述べている。

宮内省では、五月一日にも典範会議が行われ、要旨は完成に近づいた。これに合わせて高尾は秩父宮に典範審議の経過を報告している。そして、その報告を終えると、彼は皇族にも皇室典範説話を行った。このように宮内省で皇室典範の起草が行われているとき、金森国務相、入江法制局長官、佐藤同局次長らが雨が降る中を、宮内省にやってきた。政府

の臨時法制調査会第一回総会の打ち合わせということで、彼らは高尾に幹事を要請した。
そして、皇室典範担当部会である第一部会は、次の日程で行われることになった。

七月十一日　第一回部会
七月二十二日　第二回部会
七月二十五日　第三回部会
七月三十日　第四回部会
八月八日　第五回部会、部会幹事はそれまでの部会論議をふまえ皇室典範要綱試案を提出する。
八月十日　第六回部会、同幹事は同要綱の修正案を提出する。
八月十六日　「臨時法制調査会」総会に提出する皇室典範要綱試案を決定する。
八月二十一日～二十二日　第二回同右総会で皇室典範要綱試案中間報告を行う。
十月二十二日～二十四日　第三回同右総会において皇室典範法案要綱を決定する。
十月二十六日　吉田内閣総理大臣に答申。

松本委員会同様の小委員会

第一部会の部属委員は、二十五人であった。そこでは、松本委員会と同様に、小委員会が設けられ、皇室典範試案の作成調整が行われることになった。小委員会の委員は十一人で、宮沢俊義がそこにもいた。さらに、二月十四日に東京帝国大学で設立された憲法研究委員会の杉村章三郎《すぎむらしょうざぶろう》、我妻栄、田中二郎《たなかじろう》らも流れ込んでいた。それに加えて政府側から佐藤達夫、入江俊郎らが任に当たることになったので、松本委員会の小委員会と同様の形が皇室典範作成にも現れたのだった。

第一回第一部会は、一九四六年七月十一日、総理官邸で行われた。同会は、関屋貞三郎が部会長代理で、井手法制官が部会の担当すべき法案の範囲協議決定を説明した。すると、その後、皇室典範に関連する

1 王公族の問題は如何に取扱ふ予定なりや
2 外国の王、皇室に関する立法例ありや
3 典範なる特別の法形式を予定するものなりや
4 皇室の審議機関の構成員に「同数の皇族」とした意味如何
5 五世以下は皇族とせざる大宝令の者に帰らんとする議論もあり之が資料を希望す

そして、「天帝退位」などの質問がなされ、高尾がこれに答えた。

これらの協議が終わると、井手法制局第一部長は、GHQ司令部の「ガバメントセクション（民政局　筆者注）によろしく御連絡を願ひます」とその日の内容報告をするよう宮内省の連絡官に伝えた。

第二回第一部会は、五日前倒しして七月十七日に行われた。同日は、皇室経済法が主題になったが、そこでも高尾は第一回部会の補足説明をした。

宮沢提案の狙い

小委員会は、七月十八日にも総理官邸で行われた。その日、宮沢は「皇室典範に関して」という資料を提出し、「新憲法により旧皇室典範が根本的に変わったので、その名称自体を存続させるのは不適当である。新憲法は皇室典範を通常の法律にしたのであるから、『皇室典範』という名称を廃し『皇室法』にせよ」、このように提案し、そこに宮沢本人の主張が記録として残るよう要請をしたのである。

さらに、彼は「皇族の地位は、（略）一般国民の地位と異ならない」のだから、一般法令が「当然に皇族にも適用がある」とも付け加えた。

そして、宮沢は皇位継承について、

「天皇はその志望により国会の承認を経て退位することを認める」よう要求し、

「即位の礼等の公の儀式から宗教的（神秘的）色彩を取り除くやう注意する」よう続けた。

宮沢は、もとを正せば、幣原政権下で松本委員会の日本国憲法草案（乙案）の起草者だったが、今はそのことが彼の弱点で、民政局側に最も知られて欲しくないところであった。第一部会の詳細については、法制局員佐藤達夫も民政局側の皇室担当者であったサイラス・ピークに内容報告を提出していた。佐藤は松本委員会で宮沢の下で動いていたため、宮沢の考えと行動は知りすぎるほどわかっていた。だから、彼が追放対象者になったとしても不思議ではない、と考えていたはずである。ただし、ピークは大学教員であったことから、米国に帰ってＣＩＡ（中央情報局）の管理職になったハッシーほど厳格でないため、宮沢としては皇室典範で自分を売り込み、松本委員会での黒い過去をどうにかして払拭したいところであった。一方、高尾も宮沢の狙いは読めていた。

私が彼の長男道生氏宅を訪れてわかったことは、高尾は専門の法律は当然のこととして、文芸、美術、建築などにも通じた人物だったということである。そのような彼は、終戦になると、大日本帝国憲法の前途について、「憲法改正については終戦直後より予想せられた」と述べていた。

例えば高尾は、東久邇宮内閣の国務大臣近衛文麿がマッカーサー元帥を訪問したときから、これに着目していて、十月二十三日付以来の朝日新聞を自宅書庫に大切に保管していた。そして、東久邇宮内閣が総辞職し、幣原内閣が組織されると、この動向にも注視し、幣原がマッカーサーから憲法改正の指示を受けると、

「司令部は近衛と無関係になった、彼を全く支持せず、以降は幣原内閣がこれを担当する」

「国務大臣松本烝治氏をその主任とし、憲法調査委員会を設置した」

と的確な分析をしていた。さらに、高尾は、松本委員会についても、

「政府は数次の総会を開いた後翌二十一年二月二日一応の結論を得た」

と結果まで記していた。つまり高尾が「二月二日一応の結論を得た」というこの政府案こそ、宮沢が書いた松本草案（乙案）だったのである。そして、この乙案が、前日の一日付『毎日新聞』で、日本政府案としてスクープ報道されていたのだ。

そこで、彼が「高尾事務官記」として一九四八年七月七日に書いていた『戦後における総司令部の対皇室政策稿本』報告書を読むと、

「司令部はこれ（政府案　筆者注）を承認せず、二月十三日には、松本国務相に（略）根本的な新角度からの再検討を要求して来た」と述べ、同日にホイットニーから手渡された民政局草案に基づいて、

「再出発の形で立案せられ、三月五日閣議で草案要綱を決定し、上奏御裁可を仰いで特に勅語を賜わり、司令部の承認を得て、六日これを内外に発表した」

とその経過が詳細に述べられていた。つまり、高尾は、右のように状況を的確に捉えていたからこそ、三月七日の高尾日記に、「米国からの天降りの指令の翻訳なる」と書き入れることができたのであろう。高尾が、右報告書に、

「草案要綱の極めて進歩的な（略）点に鑑み、司令部が、この草案要綱作成にいかに影響を及ぼしたかは、想像に余りあるものがある」

と記し、階段をのぼり極まり暫くはたじろくごとく学者ゐる（『詠草』）という和歌まで残していることからすれば、このような草案要綱が作られるきっかけとなった日本案乙案の起草者で皇室典範委員宮沢こそ、万死に値する戦犯だと注視していたのではないだろうか。

いずれにせよ新憲法第二条、第五条に「皇室典範」と規定されているものを、「皇室法」に名称変更せよという宮沢の主張は、民政局の注目を引くためのスタンド・プレー発言以外の何ものでもなかった。こうしたことから、

「小委員会では、新典範が法律であること、その名称は『皇室典範』であることを確認すると、それ以上の討論はなされなかった」（『憲法制定の経過に関する小委員会報告書』一九六一年　憲法調査会事務局）

高尾はこのように記している。

皇室典範は、一九四六年まで明治憲法と並ぶ国の最高法典として存在してきた。それが突如として、新憲法に従属され、一法律にされたのであったが、高尾は、そうした状況も冷静に把握していた。

「それははじめから予想されておりました。（略）宮内省の事務調査会でも、その条件のもとで検討いたしてまいりました」（憲法調査会第三委員会　昭和三十四年五月二十日）

と、このように述べ、高尾参事官は「その状況に合わせて（皇室典範の　筆者注）立案を続け」ていた。

宮中席次をめぐり混乱

第一部会第二回小委員会は、七月二十三日に総理官邸で開催された。「臨時法制調査会義議事録（宮内庁関係）」は、

「宮内次官及高尾事務官に出席せられたるを以て（略）内閣関係法案の審議を進めること為れり」

と記し、

「高尾事務官より現在の宮家の血筋及現状及現行法の下に於ける今後の存続事情を詳細説明」

と続けている。

第二回小委員会は、七月二十五日にも開かれ、十一名が出席した。そこでも、憲法研究委員会宮沢グループは、皇族を皇室会議から排除する発言をし、同委員の我妻が、

「皇族に特例を設けるといふはよくないと思ふ皇族会の最後の決定権は議会においてきめるべきではないか」

と、支持に加わった。

第三回小委員会が七月三十日、八月一日に総理官邸で開かれた。司会は、宮内次官関屋

貞三郎委員で、宮中の席次について議事を行った。

宮中の席次は、栄典授与や式典では、序列が決まっていて、儀式の参列には重要なものとみなされていた。ところが、憲法研究委員会の田中二郎が、

「宮中席次はなくてもよいと考える」

と主張した。すると、法制局長官入江も、

「宮中席次はきめないのがよいと思う」

と言ったため、部下の井手も、

「席次は民法にかくことと皇室典範にかくことそれ以外の規定でかくことの三つの場合が考えられると思う」

などと言い出して意見がまとまらなくなり、結局、宮中の席次はなし、ということになってしまった。この宮沢の仲間からの一言で、それまで儀制令に従って行われていた宮中席次は廃止され、位階勲等《いかいくんとう》の基準もなくなり、参着順、到着順となってしまった。その結果、皇太子御婚礼の際も、宮中席次、序列などは「場所をきめただけで、その場所の中においては全く参着順で」（「憲法調査会第三委員会第十一回会議議事録」）行われた。すると、

「吉田前総理は（略）大へんうしろの非常に雑踏した場所におられました。これは（略）老体を遇する途じゃないと思いまして、非常に、なんというか忿懣《ふんまん》を覚えました」（前掲書）という結果を生んでしまうことになった。宮中席次は制度上、内閣が決めることとなってしまい、宮内庁も手のつけようがなくなってしまったのである。とはいえ、「内閣にお委せしても、内閣でもきめかねる」（前掲書）無規律状態のため、昭和天皇崩御式典でも、席次で混乱が生じたのである。

内親王も天皇に

八月十日、総理官邸で、第八回小委員会が開かれ、皇室典範要領が審議された。すると、宮沢俊義委員が、皇位継承の資格者に関して、

「男系の嫡出《ちやくしゆつ》男子とありますが」

と口を開くと、

「男系といふ語はいらぬ」

と続け、内親王も皇位継承資格者と認めるよう、女性天皇の導入を要求した。

高尾は、自著『皇室典範の制定経過』（一九六二年四月　憲法調査会事務局）の中で、

宮沢の要求を、次のように具体的に明記している。

「宮沢俊義氏は、内親王を皇位継承資格者と認め、一般国民男子は女帝と婚姻する場合又は皇族女子と婚姻しその家（皇族も一般国民と同じく氏を有するものとする）に入る場合、皇族の身分を取得するとしている」

「内親王を皇位継承資格者と認めよ」と、宮沢俊義委員は主張した。そして、一般国民男子が「皇族女子と婚姻しその家に入る場合、皇族の身分を取得する」としたのだった。内親王とは、嫡出の皇女および嫡男系嫡出の皇孫である女子のことである。具体的に言えば、秋篠宮《あきしののみや》殿下の長女眞子《まこ》内親王のような方がこれに相当する。つまり、その皇位継承者に認められた眞子内親王が、婚約内定中の小室圭《こむろけい》氏と正式に結婚して女性天皇になった場合、宮沢は、この小室氏に皇族の身分を与えよ、と主張したことになる。

宮沢が、女性天皇容認の根拠にしたのが、「すべて国民は、法の下に平等であって、人種、信条、性別（傍線筆者）」により差別されないと記された新日本国憲法第十四条であった。例えば、宮沢は、この憲法第十四条を根拠に女性天皇を皇室典範で認めるよう次のような発言を行っていた。

「女帝をみとめるかどうかは、實際上は大した問題ではあるまい。しかし、それを問題とするかぎりは、男女の平等をみとめる新憲法の精神からいつても、また新憲法の下における天皇の役割からいつても、女子にも皇位継承権を認めるほうがいいと考えざるを得ない」(「新皇室典範について」『法律タイムズ』一九四七年三月一日)

皇位は例外規定

こうした宮沢の主張に対して、高尾は、すぐに第一章天皇条項第二条で規定している天皇の「皇位の世襲」は、第十四条に優先するものであること、さらに、天皇の皇位は、「社会的身分又は門地により、政治的、経済的又は社会的関係において、差別されない」とする第十四条への例外規定であると説明した。

「一体、世襲とはどういうことか」

高尾は、続けた。

「世襲といふ観念は、伝統的歴史的観念であって、世襲が行はれる各具体的場合によりてその内容を異にする」

例えば、歌舞伎の「世襲」は男系男子のみに限定されているが、わざわざ「男系男子の世襲」などとはいわない。歌舞伎で「世襲」といえば、「男系男子の世襲」を指すことは自明なのである。

それでは皇位の世襲はどうか？

「これは皇室制度の伝統について考えてみなければならない。その伝統は先に申し述べましたよう、全部男系である」

日本では、皇位継承は皇族男子に限られており、皇族男子はすべて男系により祖宗の皇統に属し、男系の男子に該当しない皇族男子というものはあり得ない。

日本の皇室の皇統は、天皇は男系男子に限定されて天皇位を連続させる原則に従っている。この原則に添い、各宮家は天皇に継嗣《けいし》（跡継ぎ）の皇胤《こういん》（血統）がない場合は、男系男子を提供する役割を果たす義務を負っている。そして、宮家から男系が途切れた場合には、その宮家は廃絶しているのである。例えば、「宮家」とは親王家を指し、世襲親王四家を発祥にしている。世襲親王四家とは、伏見宮《ふしみのみや》家、閑院宮《かんいんのみや》家、有栖川宮《ありすがわのみや》家、桂宮《かつらのみや》家であるが、伏見宮家を除いて男系男子が絶えたために、三宮家は廃絶しており、このこと自体が、「女性宮家」という発想の誤りを証明し、「女性宮家」は存在しない証となる。

三宮家は廃絶し、その後、この伏見宮系から十一宮家が作られたが、そのときにも、各宮家の中で男系男子を輩出できなかった宮家は断絶したのであり、親王宮家とは、男系男子の皇胤の安全装置として働いている日本皇統の知恵なのである。

確かに日本の歴史を振り返ってみると、第三十三代推古《すいこ》天皇、第三十五代皇極《こうぎょく》天皇、第三十七代斉明《さいめい》天皇、第四十一代持統《じとう》天皇、第四十三代元明《げんめい》天皇、第四十四代元正《げんしょう》天皇、第四十六代孝謙《こうけん》天皇、第四十八代称徳《しょうとく》天皇、第百九代明正《めいしょう》天皇、第百十七代後桜町《さくらまち》天皇が女性天皇であった。そして、このうち、斉明天皇と称徳天皇は重祚《ちょうそ》、つまり二度位についているため、計八人の女性天皇がいたことになる。ただし、その個々の事情を見ると、当時のやむを得ない臨時的な処置で女性天皇が置かれたのであり、これらの八人の女性天皇の系統が、その後皇位についている例は全く見られない。つまり、八人の女性天皇は、皇嗣《こうし》（皇位継承の第一位順位者）の成長を待つためのピンチヒッターとして摂政になっていただけだったのである。

「男系であるということについては一つの除外例もありません。女帝がついた例はございますけれども、（略）そのお子様は位についていらっしゃらない。だからこの第二条の世襲ということは、男系を指す」

高尾は、このように考え、「皇室典範要領」に次のように起草した。

（一）皇位は、皇統に属する男系の嫡出男子が、これを継承する（傍線筆者）こととし、女系及び庶出は、これを認めないこと。
（二）皇位継承順序及び順序の変更は現制通りとすること。
（三）皇位継承の原因は崩御に限ること。

そして、右のように、「皇位は、皇統に属する男系の嫡出男子が、これを継承する」、と起草された草案は、次のような現行の皇室典範になった。

第一章　皇位継承
第一条　皇位は、皇統に属する男系の男子が、これを継承する。

退位と皇嗣をめぐる内なる闘争

私は皇室典範の起草者であった高尾亮一宅を訪れ、長男の道生氏に聞き取り取材を行いつつ、関係資料の提供も依頼していた。そして、取材も最後に近づいた頃であった。彼は、父親が所蔵していた書類の中から、「臨時法制調査会議事録（宮内庁関係）」という資料を見つけ出して見せてくれた。当時の帝国議会に皇室典範の法案を提出するまでの過程を明らかにした資料だった。それを読んでみると、皇室典範の制定作業が、GHQ民政局主導であった日本国憲法の場合とは全く異なり、日本人同士が互いに戦い合う場になっていたことが、私にわかってきた。

高尾は、「退位の問題は、天皇の戦争責任という当時の時事問題とも微妙に関連し」、と述べ、特に、宮沢俊義、杉村章三郎らが天皇退位を主張していたことを次のように記している。

「宮沢俊義氏は『天皇はその志望により国会の承認を経て退位するを認める』としている」

「杉村章三郎氏は『皇位継承の原因を現行法の如く崩御のみに限定しないで天皇発意に因る退位を認めること』（略）『退位の原因については法文化の要はない。退位後の天皇の身分は上皇（仮称）とし、皇族の一員となるが、摂政の資格なきものにすること』と言っている」

「天皇」と呼ばれていた男

八月十日の第八回小委員会では、「皇位継承の原因を崩御に限ることに関して」の審議が行われた。宮内省の関屋次官が、「日本国家としては御退位のないのが皇位継承が安全であると考える」と提案した。すると、大場《おおば》信行幹事も、「皇位継承に関しては混淆《こんこう》を来す恐れありと考ふ」と同意した。ところが、これに対して、宮沢が、「人民の天皇という意味から国会といふものがきめるのがよいのではないか出来得る限り国会の議決にもつて行き度いと考える」と述べると、社会党の鈴木《すずき》義男《よしお》委員が、

「我等の天皇である宮沢君のいつた通りである」

「その点に関して社会党では退位即位譲位等の重要な点は、国会に入れてくれる様に主張している」（「臨時法制調査会議事録　宮内庁関連」）

と宮沢に同意する発言をした。

天皇に退位を要求していたのは、宮沢俊義、杉村章三郎だけでなく、東大憲法研究委員会関係者には、横田《よこた》喜三郎《きさぶろう》委員がいた。退位要求の根拠も、国会の議決から戦争責任になり、横田は、次のように要求した。

「いままでの軍国的帝国主義の最高の代表者であつた天皇の退位は、当然というよりも、むしろ必然である。（略）

かつては軍国的帝国主義の日本を代表し、かずかずの侵略戦争に制集的な承認を与えた天皇が、そのまま、平和国家を建設しようとする新しい日本の象徴として残るということは、理論的に不可解であり、実際的にも不可能である」(「天皇退位論」『読売新聞』一九四八年八月二十六日)

そもそも天皇に対しては責任を問えない、これは憲法に明記されている。つまり、こうした要求をしたのは、それを知った上での憲法学者による憲法無視発言であったが、彼らはそれを民政局向けにしていた。

彼らの近くにいて、その言動に日頃から接していた法制局員井手成三も、記録に残している。「この改正憲法(要綱発表から、議会の審議中、公布施行後も)について、批判ないし非難めいた論評をなす者は、G・H・Qから(略)追放の憂目に会いました」(『困った憲法・困った解釈』時事通信社)。その結果、「学者、(略)は、こぞってこれに追従し、(略)新憲法は、何から何まで、素晴らしい」(前掲書)と、「美化謳歌する解説、論説が日本国中に充満し、これと異なる論説は影をひそめました」(前掲書)

それは宮沢グループの横田自身も、
「ちかごろ（略）いくらか重要な責任を有する人は、公職からも、教職からも（略）ことごとく追放された」（前掲書）
と述べ、十分これを自覚していた。

昭和二十年勅令第五百四十二号「ポツダム宣言の受諾に伴い発する命令に関する件」に基づく「教職員の除去、就職禁止等に関する政令」の規定による審査は、別表第一を判定標準（十二項）として行う、となっていた。その判定標準とは次の通りである。

別表第一

「一　講義、講演、著述、論文等言論その他の行動によって左の各号の一に当る者
1侵略主義若しくは好戦的国家主義を鼓吹し、又はその宣伝に積極的に協力した者、並びに学説をもつて大亜細亜政策東亜新秩序その他これに類似した政策及び満州事変、支那事変又は今次の戦争に、理念的基礎を与えた者

2独裁主義又はナチ的若しくはファシスト的全体主義を鼓吹した者
3人種的理由によって、他人を迫害し、又は排斥した者
4民族的優越感を鼓吹する目的で、神道思想を宣伝した者
5自由主義、反軍国主義等の思想を持つ者、又はいづれかの宗教を信ずる者を、その思想又は宗教を理由として、迫害又は排斥した者
6右の各号のいづれにも当らないが、軍国主義若しくは極端な国家主義を鼓吹した者、又はそのような傾向に迎合して、教育者としての思想的節操を欠くに至った者」（傍線筆者）（『公職追放令の逐条解説』新世界文化社　一九四九年二月十五日）

退位も自由意思

横田は、天皇は戦争の責任者であるから、退位すべきであると言う。しかし、その論点は、もともと日本共産党が使っていた論法であった。

日本共産党書記長徳田球一《とくだきゅういち》は、国会で、

「今次世界戦争は、天皇を頭にいただきますところの（略）軍閥、大資本家、大地主の政治体制としての天皇制、此の崩壊を防がんため」

に起きた侵略戦争だったと力説し、民主的な平和国家を建設したいのであれば、

「天皇制を内部矛盾から解消せしむることが当然である」

と第九十回帝国議会で力説していた。このように天皇制の廃止を、直接訴えていた徳田とは対照的に、戦略家の野坂参三は、天皇の「譲位」を説いていた。

しかし、天皇がこれを受け入れ、一旦譲位した暁《あかつき》には、その譲位を退位にすり替え、天皇が戦争責任を認めて退位した、と以降、何万件もの果てしない民事損害賠償訴訟を起こす計画であった。時あたかも極東国際軍事裁判もあり、天皇の戦争責任と天皇退位は世間の関心を集めていたが、宮沢は、そのようなときに皇室典範に天皇の退位条項を明記すべき、と要求し、

「天皇といえども基本的人権に基く行動の自由は持っておられる、だから天皇の自由意思に基く退位ならば、むしろ進んでその道を法文上規定しておくべきではないか」

と主張をしたのだった。これに対し、高尾は即座に反論を始め、

「もし天皇の退位条項を入れるとすれば、退位に対応する即位は、どうなるか？」

こう応じた。

つまり、即位については皇長男子（天皇の長男のこと　筆者注）が継承するという原則がすでにたてられてある。そして、この原則とは、皇長男子本人の意思に関わらない〝不自由原則〟である。そこで、宮沢が主張するように天皇の退位を自由意思の下にできるなら、皇長男子が即位するかどうかも本人の自由にしなければならなくなる。

宮沢の自由意思の退位に対して、では皇族男子すべてが自由意思だからと退位する、あるいは即位を拒否するとしたら、それでもいいのか、そのときには皇位継承者が全くいなくなるということですよ、とそう高尾は訴えた。

宮沢は、天皇の退位は個人の自由意思の尊重だ、と主張した。しかし、仮に自由意思を認める条文を規定したとしても、その意思が本人の意思であるなどという保証は、技術的にできない。そこには、天皇の自由意思に基づかない退位が強制されることも考えられ、

「もし本人の意思が偽装されて天皇の退位が実行されるというようなことになりますと、そういう危険に対しては、全く保証がない」

高尾は、こうした保証のなさが皇位の不安定を招く結果になる、と反論を続けた。

それでも宮沢は、

「私は生前の退位を禁ずべき理由を見出すことはできない」

と述べ、

「もちろん、退位をみとめるといったところで、（略）私の考えでは國會の議決を經て――退位するのであるから、それを許したところで、別に大した弊害はない筈である」

と主張した。これに対して、高尾は、

「退位が國會の承認を經ることにしても、天皇の地位にある方が、その立場の自覚を欠いて、軽々に退位を発意され得ることにすることが面白からぬ」

と、さらに反論し、

「天皇の地位とは、政争、人気、恣意《しい》というようなものを超越し、その安定も純粋に完全でなければならず」、だからこそ、退位は、天皇崩じたる場合にのみ発生する、と応じたのである。

佐藤達夫も危機感

ここで、高尾が残した日記に目を向けたい。高尾の日記には、法制局員佐藤達夫との交流も綴られている。

「日曜なれど早起して鴨猟にでかける。埼玉鴨場。（略）

今日の客は法制関係と警視庁関係。日本側は佐藤法制長官（略）など。無風のため猟獲少なし」

さらに、その後日には「午後法務局に佐藤長官を訪ね要談」とも記している。宮沢らが頑なに天皇退位を要求する姿に、法制官僚佐藤達夫も危機さえ感ずるようになっていった。

「庭で花を見ながら二人で話をしていました」

高尾の長男道生氏は、佐藤のことを私に語ってくれた。野花の観賞が趣味だった佐藤は、高尾宅までやってきて庭の花を眺めながら父親亮一とずっと立ち話を続けていたという。その際は、佐藤の口から宮沢乙案や民政局草案にまつわる情報も伝えられ、これを受けた高尾も天皇護持の決意をさらに強めたのではあるまいか。それを裏付けるように、高尾は、自著『皇室典範の制定経過』に

「佐藤達夫委員は、『退位条項を規定されていると、現実に種々の邪推がつきまとうのではないか』」

と宮沢らが主張する天皇退位条項に反対し、

「非常の場合には、これに応ずる処置が別に考えられる、として暗に特別立法」を示唆したと明記している。このような結果、高尾は、宮沢らが要求していた天皇の退

位条項を置かないことを決断し、皇室典範試案に「皇位継承の原因は崩御に限ること」

このように書き入れた。そして、彼の同試案は、新皇室典範第四条に、「天皇が崩じたときは、皇嗣が、直ちに即位する」として活かされることになったのである。

政府は一九四六年七月三日、内閣に臨時法制調査会を設置し、皇室関係法は第一部会で審議することになり、調査会は七月二十一日から活動を始め、九月二十七日に皇室典範要綱を決定した。高尾が作成した『戦後における総司令部の対皇室政策稿本』（一九四八年七月七日）には、「調査会には、宮内省から次官加藤進参事官高尾亮一が参加した」と記されている。加藤は皇室経済法作成に、高尾は皇室典範作成に参加していたのである。

皇室典範を日本側に委ねた民政局

GHQ民政局で皇室典範を担当していたのはサイラス・ピーク局員だった。ピークは、日本の官僚を評価していた。それは、高尾のような宮内官僚も含めており、例えば、皇室典範の審議の際、日本国憲法作成時のような民政局による過干渉がなかったことは、法制局員らも異口同音に語っている。

ところが、宮沢らのグループが民政局に日参できるようになると、彼らは民政局も思いつかないような情報を与えて、日本側の作業を混乱させた。

もともと宮内省機構は日本政府の外にあったため、GHQ司令部との折衝も、日本政府とは異なり、非公式なものになっていた。そうした間、宮内省では終戦以後の新事態に対応するため機構改革をしていたが、これも司令部側からの要請を受けてからではなく、宮内省側から事前に通報し、進めていた。司令部も日本政府に宮内省との連絡機関の設置を指令し、以来、連絡が取られることになった。ただし、高尾がGHQ民政局と皇室典範の件で最初に連絡を取ったのは、一九四六年七月になってからだった。相手はサイラス・ピークである。そこで、私が国立国会図書館所蔵の佐藤達夫文書を調べてみると、皇室典範で民政局と折衝した関連資料は十一件収められていた。例えば、八月三十日、午後二時から五時、井手成三法制局第一部長がサイラス・ピークに面会していた資料『皇室関係法案について』がある。そのときに、ピークは井手に、皇室関係法案を作成するに当たり、日本側が守るべき三原則を示し、その後、天皇退位、皇籍離脱、婚姻などについて質問をしてから、最後に、

「女帝を認めぬことは男女平等の原則に反せぬか」

と問いただしている。これは、そのときに民政局に日参していた宮沢の仲間たちが、新日本国憲法第十四条を引き合いに出していたものを受けての質問であった。

それから約一か月後、十月九日午前十時に、井手が民政局を訪問すると、さらにピークから、天皇は退位した後に総理大臣になれるか、選挙権は持てるかなどの質問を受けた。

GHQで皇室典範を担当したサイラス・ピーク民政局員は、もともと憲法原則主義者で、井手には以前から「天皇は憲法および天皇の地位を規定する附属法令に従う」こと、つまり、天皇は存命中の退位はできず、退位は崩御に限られる、という確認までしていたのに、である。ところが、そのピークが、ある時期から、天皇の自由は拘束されてはならない、「天皇の退位を認めるべき」「退位を認めないのは明治天皇か」「退位を認めると今上陛下に悪影響があるからか」などという質問をして、井手を困らせた。調べてみると、ピークは、南原繁が「政治的責任、道徳的責任、心身の重大故障事由の場合に言及しつつ、特に天皇に退位の自由を認むべし」(「憲法制定と皇室典範の経緯」『月刊自由民主』)と主張していたため、このような質問をするようになったことが判明した。

井手成三、高尾亮一に相談す

そこで井手は高尾らに相談をしてみた。高尾は、上皇制度を例に出し、天皇の退位は歴史的に弊害が多いことを説いただけでなく、次の具体例を挙げ教示した。

「将来野心のある天皇が現われると、退位した後に、例えば内閣総理大臣になり政治上の実験を壟断《ろうだん》するようなことも予想できなくもない、このような例を考えれば、天皇の退位を認めるとかえって改正憲法第四条第一項『天皇は、この憲法の定める国事に関する行為のみを行ひ、国政に関する権能を有しない』の趣旨を骨抜きにするおそれがあります」

もともと宮内官僚の有能さを評価していたピークは、この説明に納得したという。（『皇室典範案に関する交渉の経緯』佐藤達夫文書　一九四六年十二月）

「当初総司令部側は皇位継承の原因を天皇の崩御の場合に限ることについては、（略）天皇の自由を認むべしとする意向を示していたが、（略）これを放棄した」（前掲書）

と、報告書を書いている。

そして、その結果、ピークも次のように述べるようになった。

「天皇の退位を認める場合には、野心的な天皇が退位して政治運動に身を投じ、前天皇としての有利な立場を利用して、内閣総理大臣にでもなると云ふようなことがあつては困る

から、却って退位を認めない方がよろしい」（前掲書）

こう立場を変えたピークは、さらに、井手に、

「皇族が特定の公職に就くことを皇室典範で禁止するよう明記せよ」

と命じた。しかし、これにも、宮沢のグループが影響力を与えていたとして、高尾は「（皇族問題の）立案にあたっては、これら（宮沢、杉村）の意見を参酌《さんしゃく》した」（『皇室典範の制定経過』）と記している。

高尾は、四月二日の日記に、

「官房の席を変へ三井さんと私の席を真中へ出す

皆少々度ぎもを抜かれた様子

夜寺崎御用掛招待晩餐」

と書いていた。文中の「三井さん」とは、高尾より五歳年長の三井安弥《みついやすや》侍従で、「寺崎御用掛」とは寺崎英成《てらさきひでなり》のことであり、高尾とは同期生であった。

通訳・寺崎英成御用掛

寺崎は、旧制一高、東京帝国大学法学部に学び、米国の名門ブラウン大学に留学、日本大使館在勤中に知り合った米国人女性と結婚していて、英語を自在に操ることができた。彼は、中国にも勤務し、北京駐在中に、野村吉三郎《のむらきちさぶろう》が米大使として赴任する際、同行を命じられ、大戦前夜の日米交渉にも腐心《ふしん》していた。外務省は、そうした経歴を持つ寺崎を宮内省御用掛にして、GHQ司令部と宮内省、そして日本政府の意思疎通を図ろうとしていたのである。

「鈴《リン》がなる　太郎兄と思ひ玄関にとび出す　もち　宮城よりの到来なり　(略)大臣(吉田茂外相、筆者注)曰く『宮中のGHQとの連絡係ハ英語ハ出来るが米国の事ハ知らず鴨猟をやつたり『ケーター』〔宴会〕許りしていかぬので人選をした(略)　君がいゝと(略)天皇制護持に全力を尽くしてくれ玉へ』(略)

・

精霊も襟を正して泣きにけり

・

草莽《そうもう》の臣茲《ここ》に在りほとゝぎす」　(『昭和天皇独白録　寺崎英成御用掛日記』)

寺崎の任務である御用掛とは、「宮内省とGHQの双方にアドバイスし、双方を啓蒙していく、コンサルタント的な重要な仕事だった。御用掛は陛下の通訳官も務めるが、常に陛下にGHQ絡みのさまざまの問題について解説し、意見を申し上げることが要求された」（前掲書）

寺崎英成御用掛は、昭和二十一年一月二十四日の日記で、天皇制護持のため、松平慶民の指揮下にあった宮内省に全面協力を誓っていた。そして、彼の兄太郎も、次のように記している。

「生来無口な彼は、骨肉をわけた私にすら何も洩らさなかったが、彼の心中はよく察せられた。彼は、一身を忘れて、天皇に仕えた。役人根性をスッカリ棄てて、只一筋に天皇に仕えた。私は同じ外務省に育っただけに、語らぬ弟の心の中がわかっていた。私は、沈痛な気持ちで『総てを忘れて天皇のために』と彼を励ましたものであった」（『寺崎太郎外交自伝』）

最後の壁「皇室会議」の設置

高尾は、四月以来、その寺崎英成と天皇護持のため身を粉にして働いてきたが、とうとう最後の壁に直面する。宮沢グループが、皇室典範に「皇室会議」の設置を明記するよう要求してきたからである。旧皇室典範は、皇族の婚姻、皇位継承、摂政の設置など重要な問題に関しては皇族会議で決め、枢密院《すうみついん》に諮詢していた。そして、そのとき、皇族会議の議長には、天皇陛下自らが当たられた。

高尾は、民政局が起草した日本国憲法第一章天皇条項を読んで、皇族会議についても、皇室合議制にしなければならない、とわかっていた。ところが、GHQは、その皇族会議の解体を命じ、「これだけはどうしても入れろと」（前掲書）皇族会議を「皇室会議」と書き換えさせたのだった。

「占領軍は皇室会議（ママ、皇族会議のこと　筆者注）でとてつもないことを議決されては困るというような漠とした不安があったようでございます」（「憲法調査会第三委員会第三回会議議事録」一九五九年五月二十日）

このように高尾は証言している。そのような結果、彼は、「皇室会議」を次のように起草し、宮内省案（一九四六年七月九日）として提出した。

「皇室会議
摂政設置ならびに皇位継承および摂政就任の順序の変更等典範によりその権限に属せしめられた事項を審議するため、皇室会議を置くこと。
（イ）皇室会議の構成員は、内閣総理大臣、衆議院および参議院の議長、最高裁判所の裁判官二人、宮内大臣、ならびにこれと同数（六名　筆者注）の成年男女皇族とする。
（ロ）裁判官と皇族の会議員の任期は六年とし半数づつを三年毎に各々裁判官と皇族のうちから互選する。
（ハ）成年男女皇族は会議に出席して議事について意見を述べることができる。
（ニ）召集者と議長は原則として天皇とする。」

天皇、皇族が排除される

ところが、ここで高尾は、劣勢に立たされる。憲法研究委員会の杉村委員が、皇室会議には衆参両議長だけでなく、国会議員も加えるべきと要求してきた。すると宮沢も、皇室会議は、「国民の天皇、人民の天皇という意味から国会が決定するのがよい」と、これを支持すると、鈴木義男社会党議員も同意した。

この動きに、宮沢グループの田中二郎は、「皇室会議に加わる皇族は、二、三名で良い」と皇族数を六名から半減以上もさせてしまう提案をした。我妻栄も、皇室に関する問題は国会が決定して行うべきで、皇族に特例を与えてはいけないと続いた。

その結果、高尾案の（ニ）から「天皇」が排除され、同案（イ）の皇族数も、構成員六名から二名に激減された。これにより、皇室会議の議長も、天皇ではなく、内閣総理大臣になったことから、皇族の意向を酌《く》まないで議決できる会議になってしまった。

宮沢らは、高尾が起草した（ハ）案「成年男女皇族は会議に出席して議事について意見を述べることができる」という条項も、「旧典範のような皇族を以て組織する皇族会議をせず、一種の『国民代表的要素』をもつ機関にする」（「皇室典範の制定経過」憲法調査会事務局）よう要求し、新憲法の下では、皇室関係の事務は国務であり、政府の事務であるからと、（ハ）案の削除を要求した。

秋篠宮家婚約問題と制約

その結果、どうなったか。

秋篠宮殿下の長女眞子内親王の婚約内定を例に考えてみよう。本来ならご婚約は皇室の慶事として国民にとって喜ばしいものであるが、父親秋篠宮殿下も祖父天皇陛下も、これに言及しようとなさらない。なぜだろうか？

旧皇室典範は、第四十条で皇族女子の婚姻には勅許《ちよつきよ》を要すると定めていた。しかし、現行の日本国憲法は、天皇に対して、法律裁可権そのものを認めていない。そのため、「世界いずこの国でも（略）王の裁可を全く無視しているような国はどこにもない」（『皇位継承と祖宗の神話』高尾亮一）ような状況になっている。こうなっているのも「天皇に対する極端な不信感を前提として考え」（前掲書）られているからで、本来なら、孫娘の結婚には実父、祖父が出て当然なのである。ところが、それをGHQ民政局でなく、彼らの目を意識していた宮沢たちが、天皇、皇族を排除する「皇室会議」を作ってしまったのである。内閣総理大臣を議長に、司法立法行政三権の長から各二名計六名を議員として、そこに皇族二名のみを参加させて構成員とする「皇室」会議である。このうち、総理大臣と三権の長は日本国憲法に従った行動をしなければならず、となれば、例えば婚姻に際しても、憲法第十四条に従い、当事者両人（あるいは一人）の意思を尊重する、となるのでそれ以外は何も決められない「皇室」会議があるのみとなるのである。

「法律の条文書きにあけくれていた一時期がある」

高尾は、その日から十数年経った頃、『皇室典範第十五条――ひとつの条文を考える経過』（『済寧』一九六二年六月号）に記している。「法律の条文書き」とは、皇室典範の起草のことで、彼は第十五条について興味深い記述を残している。ちなみに彼が起草した現行皇室典範第十五条は、

「皇族以外の者及びその子孫は、女子が皇后となる場合及び皇族男子と婚姻する場合を除いては、皇族となることがない」

である。

同条は、そのままであれば、「皇族以外の者は、皇族になることがない」と読めてしまう、何の変哲もない無駄を繰り返すかのような文章である。しかし、高尾は、皇族女子を皇位継承者にするだけでなく、皇族女子と婚姻した一般男子までも皇族にすべきと主張する宮沢俊義がいたため、皇室典範にそのような無駄と読める一条を書いていたのである。

宮沢グループは、

「皇族の地位は、一般国民の地位と異ならない」

「一般の法令も皇族にも適用する」

と主張していた。なかでも注目すべきは、

「宮沢俊義氏は、内親王を皇位継承者と認め、一般国民男子は女帝と婚姻する場合又は皇族女子と婚姻してその家に入る場合、皇族の身分を取得するとしている」（『皇室典範の制定経過』憲法調査会事務局　一九六二年）

と高尾が、記していることである。

苦肉の皇室典範第十五条

皇族の身分を失っても皇位の継承資格はあると主張する可能性も無視できない。そう考えた高尾は、

「皇族が臣籍（国民という身分）になった場合は皇族に復帰出来ない」「皇族は養子をなすことができない」

と、皇室典範案に記し、皇族が皇族以外の者と婚姻したときは、

「皇族の身分を離れる」

と書いた。しかし、問題はその次である。

「皇籍離脱のときは気付かなかったが、その後に生まれた子供の母が内親王の身分であられたとき、この生まれた方はどうなる、皇族ではないか——」

このような主張が出る可能性もある。

例えば、Aという女性皇族が一般男子Bと結婚し皇籍を離れると、当然、Aおよび配偶者Bは皇族の身分ではない。しかし、皇籍を離れた後に生まれたAの子Cや、Aの孫Dはどうなるか——。「それらの方CDは皇族ではない」とは言い切れない、と高尾は考えた。その理由は、

「これらの方CDは皇籍離脱の際には存在されなかったから、離脱の効果はそれに及ぶことはない」

からである。そうなると、AとBは皇族の身分ではないが、Aの子C、Aの孫Dは皇統に属す、つまり、皇族になる。それでは皇籍離脱の意味が失われてしまうため、高尾は、前掲第十五条を立法趣旨にしたのである。

高尾は、一九四六年三月七日の日記に次のように書いていた。

「大権縮減、主権在民、戦争放棄の政府憲法草案発表され一日その話でもち切りになる。米国からの天降りの指令の翻訳なること一目瞭然たり。この憲法を破棄する日は何時にな

らうか」

「米国から天降りの指令」であった日本国憲法の起草は、宮沢乙案そのものに起点を発していた。『毎日新聞』が同案を報じ、GHQ民政局がこれを知るや、マッカーサー最高司令官の号令で二月四日、草案作りが開始され、民政局草案が作られた。そして、同草案が松本国務相に手渡され、これをお手本に日本案を作成し三月四日に民政局に提出したが、第一章天皇条項から口論となり、松本は退室してしまう。すると、松本の部下、佐藤達夫法制局員が代役として、その日初めて目にした、国務省中国派によるSWNCC228を参照して書かれた天皇条項の起草作業を命じられた。そして、第一章天皇条項が、強迫と不自由な状況下で作り上げられると、次の作業は「皇室典範」起草になった。ところが、その起草委員会には乙案の作者だった宮沢がいて、高尾宮内省参事官はその勢力と対峙しながら皇室典範をまとめたのである。そのようなことを体験しながら天皇護持に獅子奮迅《ししふんじん》していた高尾にとって、これに満足できるものでなく、このような皇室典範も改正しない限り、皇室の危機は去らない。そう彼は考えて、「この憲法を破棄する日は何時にならうか」――と日記に書いていたのではないだろうか。

今、求められていること

高尾は、男系論者であった。

しかし、現実は、男系男子の皇胤の安全装置として機能した皇族・庶出制度は解体され、男系天皇を守ることは困難な状況にあり、これにこだわっていれば、皇統の断絶も時間の問題である。しかも、現政権は口では憲法改正を訴えてはいるものの、実行が伴わない。そうした中、天皇陛下のおことばで譲位が実現したことを活かし、特別立法での「日本国憲法改正起草」という方法がある。上皇というお立場ならば、現行憲法での縛りも変わってくる。

私は、上皇陛下と戦前、戦中そして現在も交遊のある御学友に取材したとき、陛下は皇室典範の改正をお望み、とうかがっている。

求められていることは、天皇・皇族が幸せになられ、日本の国と日本人が安全で平安に生活できるような改正草案をとにかく起草してしまうこと。そして、それを国民に提示してみせることである。民政局は八日間で憲法草案を、占領生活下にいた高尾はリヤカーを引き、宮内省に自転車通勤していた一週間で皇室典範を書いていた。改正草案を作成し、それを国民に提示することなど、一か月の作業で十分に可能なはずである。

「自分には敵がいっぱいいるんだよ」

道生氏は、父親がそう言っていたと私に教えてくれた。わずか一日で思想転換した小賢《こざか》しい法学者たちは、皇室典範委員になると、民政局の顔色を窺いながら、一宮内省小参事官を攻め立てた。そして、そのようにして作られた皇室典範要綱がＧＨＱ民政局に認可されると、臨時法制調査会第三回総会に提出され、一九四六年十月二十六日、吉田茂内閣総理大臣に答申された。

皇室典範は、一九四七年一月十六日に公布され、五月三日に施行されたのである。

参考文献

・日本国憲法の草案について　松本烝治　憲法調査会事務局　1958年4月
・松本烝治氏に聞く　東京大学占領体制研究会　憲法調査会事務局　1960年6月
・初期日本国憲法改正論議資料　赤坂幸一　柏書房　2014年
・新憲法制定に関する松本烝治先生談話（1947）原田一明　立教法学会　2016年94巻
・松本烝治會見記　入江俊郎関係文書　国会図書館
・三月四、五両日司令部ニ於ケル顚末　佐藤達夫関係文書　国会図書館
・皇室法関係司令部会談録　佐藤達夫関係文書　国会図書館
・日本国憲法制定に関する談話録音　佐藤達夫　国会図書館　1955年2月—4月
・日本国憲法制定に関する談話録音　岩倉則夫　国会図書館　1955年5月
・憲法問題調査委員会の所謂「甲案」「乙案」について　佐藤達夫関係文書　国会図書館
・日本国憲法各章の沿革に関する説明　佐藤達夫関係文書　国会図書館
・皇室関係法案について　佐藤達夫関係文書　国会図書館
・皇室典範元号・議員法特例等　佐藤達夫関係文書　国会図書館

・マ草案の番号　佐藤達夫　ジュリスト　有斐閣　1971年2月15日号
・ネパールの伊藤博文　佐藤達夫憲法随筆　佐藤達夫　啓正社　1972年
・日本国憲法制定に関する談話録音　金森徳次郎　国会図書館　1957年12月
・金森徳次郎著作集Ⅰ　高見勝利編　慈学社　2013年
・憲法制定と皇室典範の経緯　井手成三　月刊自由民主　千代田永田書房　1975年
・皇室典範立案当時の思出　井手成三　時の法令303号　雅粒社　1959年
・皇位の世襲と宮中祭祀　井手成三　神道宗教46号　神道宗教学会　1967年
・困った憲法・困った解釈　井手成三　時事通信社　1970年
・總理官邸　井手成三　六月社　1948年
・皇位の世襲・憲法改正の限界　井手成三　愛知学院大学論叢・法学研究12巻2号　1969年
・皇室法規と一般法規との關係に就て　岡本愛祐　御料林142巻64号　帝室林野局林野會　1940年3月
・高尾亮一日記　昭和19年―昭和27年　高尾道生所蔵
・皇室典範第十五条　済寧　1962年6月
・皇室典範の制定経過　高尾亮一　憲法調査会事務局　1962年4月
・皇位継承と祖宗の神話　高尾亮一　憲法調査会事務局　1962年6月
・宮内省機構縮小経過　高尾道生所蔵
・皇室及び宮内庁関係法令の整備方針　高尾道生所蔵
・覚書―天皇陛下と戰争　松平康昌　高尾道生所蔵

・立原道造と父高尾亮一　高尾道生　佐渡郷土文化１１４号　佐藤郷土文化の会　２００７年６月
・戦後における総司令部の対皇室政策稿本　高尾道生所蔵
・臨時法制調査会議事録（宮内庁関係）１９４６年７月から10月まで　高尾道生所蔵
・宮殿をつくる　高尾亮一　求龍堂　１９８０年
・新宮殿の意匠　高尾亮一　藝術新潮　新潮社　１９６８年９月号
・皇居で発見された遠州の庭　高尾亮一　藝術新潮　新潮社　１９６５年６月号
・八年がかりの新宮殿　週刊朝日　１９６４年１月31日号
・立太子の礼　高尾亮一　月刊ゆうびん４巻６号　１９５３年６月号
・他者への愛　高尾亮一　済寧　１９８１年５月
・無事故の祈り　高尾亮一　大美和60号　１９８１年
・宮内省入り二十年　高尾亮一　佐渡新報　１９５５年１月１日
・高尾亮一林健太郎往復書簡　短歌研究　短歌研究社　１９５７年５月号
・コンプレックス　杉浦明平　短歌　角川文化復興財団　１９７５年12月号
・英詩和訳　高尾亮一　潮汐　潮汐会　１９７９年１月号
・書籍紹介　高尾亮一　御料林１２８巻94号　帝室林野局林野會　１９３９年１月
・佐佐木象堂　高尾亮一　白玉書房　１９６３年
・十番目の女神　高尾亮一　求龍堂　１９７７年
・短歌研究詠草　高尾亮一　短歌研究社　１９４６年

・短歌研究詠草　高尾亮一　短歌研究社　１９４７年
・短歌研究詠草　高尾亮一　短歌研究社　１９４８年
・寺崎太郎外交自伝　寺崎太郎　私家版　２００２年
・れいめい――日本外交回想録　寺崎太郎　私家版　１９８２年
・太陽にかける橋　グエン・テラサキ　中央公論社　１９９１年
・皇室典範と皇室經濟法　宮沢俊義　國家學會雑誌61巻3号　東京大学大学院法学政治学研究科　１９４７年
・マッカアサア憲法草案解説　宮沢俊義　佐藤功　國家學會雑誌　68巻1・2号　東京大学大学院法学政治学研究科　１９５４年
・新皇室典範について　宮沢俊義　法律タイムズ2号　法律タイムズ社　１９４７年3月
・天皇退位論　宮沢俊義　社會　鎌倉文庫　１９４８年8月号
・そのころの生活　宮沢俊義　世界　岩波書店　１９５５年8月号
・昭和史探訪　三国一朗編　番町書房　１９７５年
・昭和思想史への証言　毎日新聞社編　１９６８年
・高木八尺宣誓供述書：法廷番号３２４５　GHQ/SCAP Records, International Prosecution Section Entry No 327, Count Exhibits in English and Japanese, IPS, 1945-47
・高木八尺名誉教授談話録　憲資・総第25号　１９５８年7月
・知られざる憲法討議　我妻栄　世界　岩波書店　１９６２年8月号
・南原繁回顧録　丸山真男　福田歓一編　東京大学出版会　１９８９年
・公職追放令の逐條解説　岡田典一　新世界文化社　１９４９年

・侍従長の回想　藤田尚徳　講談社　２０１５年
・側近日誌　木下道雄　文藝春秋　１９９０年
・宮中見聞録　木下道雄　日本教文社　１９９８年
・入江相政日記　第二巻　朝日新聞社　１９９０年
・昭和天皇独白録　寺崎英成御用掛日記　文藝春秋　１９９１年
・木戸幸一日記　下巻　東京大学出版会　１９６６年
・高松宮日記　第八巻　中央公論社　１９９７年
・日本立法資料全集　本巻一　皇室典範　信山社　１９９０年
・内閣法制局百年史　内閣法制局百年史編集委員会　１９８５年
・京都御所大宮・仙洞御所　京都新聞出版センター　２００４年
・第九十回帝國議會衆議院帝國憲法改正　改正委員會議録第二回―第十四回　１９４６年７月１日―16日
・第九十一回帝國議會貴族院皇室典範案特別委員議事速記録第一號―第六號　１９４６年12月14日―22日
・官報號外　１９４６年８月27日
・官報號外　１９４６年12月17日
・官報號外　１９４６年12月25日
・司令部ニテ打合済ノ分ヲ逐次内閣ニ送付シ、閣議配布用プリントノ原稿トセルモノ　佐藤達夫文書
・憲法改正経過手記　昭和21年１月ヨリ５月迄　入江俊郎関係文書　国会図書館
・憲法改正草案要綱　１９４６年３月６日　入江俊郎文書